仕事が速くてミス
がない人は机に何も
置かない

提高工作效率，从整理办公桌开始

[日] 中野清人　著
陈旭　译

中国友谊出版公司

图书在版编目（CIP）数据

提高工作效率，从整理办公桌开始 /（日）中野清人著；陈旭译. — 北京：中国友谊出版公司, 2021.10

ISBN 978-7-5057-5319-8

Ⅰ. ①提… Ⅱ. ①中… ②陈… Ⅲ. ①工作方法－通俗读物 Ⅳ. ①B026-49

中国版本图书馆CIP数据核字（2021）第181231号

著作权合同登记号：01-2021-4758

书名 **提高工作效率，从整理办公桌开始**
作者 [日] 中野清人
译者 陈旭
出版 中国友谊出版公司
发行 中国友谊出版公司
经销 北京时代华语国际传媒股份有限公司 010-83670231
印刷 三河市宏图印务有限公司
规格 787×1092 毫米 32 开
6.25 印张 105 千字
版次 2021 年 9 月第 1 版
印次 2021 年 9 月第 1 次印刷
书号 ISBN 978-7-5057-5319-8
定价 39.80 元
地址 北京市朝阳区西坝河南里 17 号楼
邮编 100028
电话 （010）64678009

前言

您有没有过这样的经历：领导让您把会上发下去的企划案给他看看，于是您在桌上一大摞文件里找来找去，结果还是一无所获；想要和客户联系，结果连对方的名片都忘了放在哪里……

如果我没猜错，此刻正在阅读这本书的您，桌面上一定是乱七八糟地堆满了各种文件和资料吧……

据美国Order From Chaos咨询公司的一项调查显示，“公司员工用于寻找物品花费的时间为平均每年150小时左右”。

假设一天工作8小时，那么一个月实际

工作其实不到20天。如果在寻找物品上不浪费那么多时间，那么您完全可以用这些时间更好地工作和休息。

另一方面，也有人根本不会在寻找物品这件事上浪费过多时间。他们工作顺利，又能准时下班回家，而且同样能取得可观的成果。

优秀员工的共同特点是，桌面干净，且手边的东西井然有序。若他们想要寻找物品的时候，随手就可以拿出来，从而能够迅速进入工作状态。擅长整理桌面，不仅能避免资料或物品的遗失，也能让您减少工作失误。此外，整理物品的思路也可以应用于设定计划和时间管理上。总之，如果一个人能把东西整理得井然有序，那么这个人的工作效率也必然很高。

本书将传授给您一些整理办公桌和手边物品的方法，并介绍一些有关调整工作（任务）顺序，改善工作方法的思路。

您在通过对物品乃至思路的整理，从而提高工作效率的同时，工作的质量自然也会得到提升，工作成果更是立竿见影。如果本书能为在讲究“效率第一”的现代社会打拼的您提供一些帮助，笔者不胜荣幸。

目　录

第 1 章　整理手边物品

/桌 面/　“保留”你的判断，整理得心应手　002
/桌 面/　桌面整洁又简单，工作才能有空间　004
/桌 面/　整理“先下手”，工作顺溜溜　006
/桌 面/　成功秘诀：清早整理　008
/桌 面/　收纳秘诀：立起来　010
/桌 面/　巧用橡皮筋，物品易区分　012
/桌 面/　脚边和桌面，横放省空间　014
/抽 屉/　给抽屉配上隔板　016
/抽 屉/　文件盒与 A4 文件夹的组合技　018
/抽 屉/　常留一个空抽屉　020
/储物柜/　拓展“悬挂收纳法”　022
/书 架/　规则不必难，检索变简单　024
/包 包/　让随身物品在包包里“安家”　026

/包包/ 把工作用具收纳到工具盒 028
/包包/ 充电器、数据线，分类收纳最妥善 030
/钱包/ 钱包用法有玄机 032
/西装/ 西服口袋用法冷知识 034
/衬衫/ 衬衫胸袋真方便 036

第2章 迅速整理，“纸纸”有条

/文件/ 按进度收纳，防失误发生 040
/文件/ 文件整理小妙招：巧用 A4 透明文件袋 042
/文件/ A4 以外全部成册 044
/文件/ 贴个小标签，检索更简单 046
/文件/ 文件多色彩，内容好分类 048
/文件/ 文件袋里要“套娃” 050
/文件/ 最新文件放手边，效率提升看得见 052
/文件/ 巧用压缩式收纳法 054
/文件/ 合理使用小隔断，文件归类超简单 056
/文件/ 两孔式与折叠式文件夹 058
/文件/ 按日期和数量处理作废文件 060
/文件/ 巧用无纸化，减少纸质版 062
/文件/ 给你的文件“减减肥” 064

/ 文 件 / 办公达人的废纸处理法 066
/ 账 单 / 发票未结算，文件袋里钻 068
/ 名 片 / 保管按时序，名片有秩序 070
/ 名 片 / 联络频率分两类，名片整理不太累 072
/ 名 片 / 废弃有规矩，名片好整理 074

第 3 章 “数据”使用有高招

/ 接收邮件 / “邮件归类”来做伴，重要联络不漏看 078
/ 接收邮件 / 大量邮件不用愁，由新到旧有盼头 080
/ 发送邮件 / 邮件名里学问多，快速回复不翻车 082
/ 发送邮件 / 邮件要简略，一封一件事 084
/ 文 档 / 文档吃灰超一年，还不赶紧说再见 086
/ 文 档 / 文件夹数最低线，方便查找是关键 088
/ 文 档 / 文件命名三大要素 090
/ 文 档 / “自动排列”，让您的桌面更整洁 092
/ 电子文书 / 电子文书的利与弊 094
/ 电子文书 / 把文档归纳到一张 A4 纸内 096
/ 制作文书 / 印刷前考虑使用方法和留白 098
/ 快捷键 / 牢记方便组合键 100
/ 快捷图标 / 简简单单点双击，目标文件随手来 102

/ 网络搜索 / 高效检索妙招 104
/ 电子工具 / 便捷的电子日程表 106
/ 在线存储 / 在线存储，调用资料随时随地 108
/ 备 份 / 以防万一，备份必须 110
/ 系统维护 / 整理电脑内存，随时高速运行 112

第 4 章 “写”出工作效率

/ 记 录 / 记录做得好，与众不同是关键 116
/ 记 录 / 一张 A4 纸，足够做记录 118
/ 记 录 / “不用写”的记录 120
/ 记 录 / 邮件有草稿，正好当记录 122
/ 记 录 / 养成保存、整理和查阅笔记的习惯 124
/ 笔记本 / 笔记本使用原则：切忌完美主义 126
/ 笔记本 / 简单检索：日期・类别・主题 128
/ 笔记本 / 换行 + 留白，笔记巧安排 130
/ 笔记本 / 注意 5W2H，凝练笔记要点 132
/ 笔记本 / 笔记“胃口”真不小，囊括记录和资料 134
/ 记事本 / 记事本的“目的达成”和“记录” 136
/ 记事本 / 3 条准则帮您快速理清思路 138
/ 记事本 / 分色 + 便笺，记事本好方便 140

/ 记事本 /　记号 + 简化，便条本真清晰　142
/ 记事本 /　巧用记事本的通信录　144
/ 记事本 /　上班前，到位后，下班前——检查记事本的好时机　146

第 5 章　整理“思考”，必出成就

/ 日程表 /　能人爱打提前量　150
/ 日程表 /　打造张弛有度的日程表　152
/ 日程表 /　学会逆推法，效率快一半　154
/ 日程表 /　记事本里“放”预定　156
/ 任务整理 /　复杂任务细处理　158
/ 任务整理 /　工作“可视化”，防止小失误　160
/ 任务整理 /　任务铺天盖地，找到“排除选项”　162
/ 任务整理 /　忘记对方名和姓，邮件及时来“救命”　164
/ 任务整理 /　碎片时间巧安排，工作效率提高得快　166
/ 高效化 /　“TO DO 列表”，说到做到　168
/ 高效化 /　时间要设限，效率无极限　170
/ 高效化 /　工作效率要提高，低重要度任务先处理　172
/ 高效化 /　高强度脑力工作，最好上午完成　174
/ 高效化 /　工作先“清零”，方能早完成　176
/ 高效化 /　假设虽落空，日后有大用　178

/ 金点子 /　多用小贴士，难题一扫光　180
/ 金点子 /　好点子写在纸头上　182
/ 心态梳理 /　三行短日记，工作无压力　184
/ 心态梳理 /　愿望要实现，抬头向前看　186

后　记　188

第 1 章

整理手边物品

寻物时间做减法
工作时间做加法
按时按点回到家

/桌面/

“保留”你的判断，整理得心应手

说起整理办公环境，最基本的就是收拾桌面和周围环境。如果身边的东西横七竖八，工作效率必然下降。

在收拾桌面时，我们最先想到的就是把不需要的东西统统扔掉。但如果您不擅长整理，往往会纠结什么东西应该扔，什么东西只要换换位置就可以，以及该在什么时候扔东西……思前想后不能做出判断。其实，烦恼的根源就在于扔和不扔的二选一抉择。这时，不妨参考下列顺序，暂时把您的判断“保留”一下：

① 把所有物品一并取出；

② 将物品分为“需要”“不需要”“不清楚”三大类；

③ 收纳好需要的物品，扔掉不需要的物品，不清楚是否需要的物品暂时放进一个箱子里；

④ 给收纳到箱子里的东西设定一个保留期限，超过期限直接丢弃。

这个办法看似麻烦，但我还是希望您尝试一下，一次性把所有物品都拿出来一并整理吧！随后您可以准备 3 个用于存放“需要”“不需要”“不清楚”的物品的箱子，然后按照分类把它们放进箱子里。

这个方法的关键在于给“不清楚”是否需要的物品单独准备一个收纳箱。因为您的判断可以暂时“保留”，所以可以暂时抛去烦恼，顺利地做出大致分类。之后可以把需要的物品从它们的箱子里再拿出来进行整理，而不需要的物品当然就可以扔进垃圾箱了。

随后就要给“不清楚”是否需要的物品设定一个最后的保留期限。如果在达到最后期限之前，还能用得上它们，那么这些物品就是您需要的；如果超过保留期限还是用不上，那么这些物品就不需要继续保留了。到了最后期限，甚至可以看都不看直接把用不上的物品都扔掉。

! POINT　最后期限尽量要设定得近一些！

/桌面/

桌面整洁又简单，工作才能有空间

可能您现在刚好坐在办公桌前阅读本书。如果是这样，请抽空看看自己的桌面。如果是在其他地方阅读本书，就请回想一下自己的办公桌吧！

整理办公桌的金科玉律就是“不在桌上放没用的东西”。要记住，一般来说，桌上应该只放现在用得上的物品。

尽量只放用得上的物品，这样才能保障有足够的办公空间。仔细一瞧，原来我们的桌上有那么多用不上的物品啊！您可能觉得这些东西“早晚能用上”，但实际上到最后它们几乎都没派上过什么用场。

基本来说，我们可以用以下 3 个思路进行整理：

① 办公所需物品放桌上；

② 使用频率高的物品放手边；

③ 使用频率低的物品放远处。

接下来必须考虑的，是您的活动轨迹和物品位置。如果惯用右手，那么为了方便边打电话边做笔记，电话要放在办公桌的左手边，而笔记本和笔要放在办公桌的右手边。

这里建议在记录用品旁边放一些相关物品，比如修正液或者记事本。因为这些物品可以配合完成同一种工作，因此放得近一些可以方便拿取，省去寻找它们的时间。

! POINT　经常检查桌上物品的摆放位置！

/桌面/

整理“先下手”，工作顺溜溜

我们习惯把完成每天的工作任务当作第一要务，而把整理桌面的工作不断延后。殊不知在找不到所需物品时，我们需要花大把时间来东翻西找，因此也不能继续推进工作了。

很多情况下，这类人都会把整理物品放在工作之后。只要还能找到想要的东西，就不会想到整理物品。长此以往，他们永远都要在寻找物品上浪费时间，而且这种浪费避无可避。

要想顺利开展工作，一定要先把各种物品整理好！

而整理物品的秘诀就是以下 3 点：

① 一旦工作稍不顺畅，就要开始整理；

② 不要等到工作手忙脚乱的时候才想到整理；

③ 养成每天整理物品的好习惯。

第一点就是要在工作繁忙的时候果断停下来，先把桌面收拾妥当。如果常因为不知道物品的具体位置而焦头烂额，那么这个方法一定能够解决您的困扰。

第二点就是要先下手为强，适时地清理，等到真的忙起来了，就不会为了寻找物品而浪费时间。

第三点应该是最理想的状态：如果平时没有整理物品的习惯，一旦真的整理起来，顿时就会感到“压力山大”。因此建议您在每天的固定时间，花15分钟来整理物品。工作中，切记不要把整理无条件延后，整理本身就是一项重要工作！

❗POINT　要把清理工作当成“专注模式”的开关！

/桌面/

成功秘诀：清早整理

在上一节里，我建议各位在每天的固定时间做整理工作，那么我们应该在每天的什么时候进行整理呢？有些朋友习惯下班前进行整理，也有人习惯一早就开始整理。同样也有人会利用午休的时间进行整理。

因为整理一番能让人心情舒畅地进行工作，所以理论上讲，一天中的任何时间都可以用来整理。不过，如果您对自己目前的整理方法有疑问，或者干脆不擅长整理，那我建议您还是在早上整理吧！

为什么一定要在早上进行整理呢？因为在那段时间里，您的头脑清晰，最适合做整理。

晚间是一天中头脑最为疲劳的时候，人在这时容易精神恍惚，可能会出现效率低下、失误频出的情况。如果这时恰巧要给重要文件归档，很有可能会不小心把重要文件塞进碎纸机，或者分类错误，后果恐怕不堪设想。并且，那时可能满脑子都是“我要回家”，整理工作也会做得马马虎虎。

只要肯在早间进行整理，哪怕只花个 5 分钟、10 分钟，也能受益一整天。

整理不仅包括物品，还要同时关注到工作中使用的文件等。这样，在整理物品的同时，也能整理自己的工作思路。

在整理的同时可以考虑当天的日程安排，比如今天要做什么工作或需要按照什么顺序完成工作等。

❗ POINT　理想的状态是开工前收拾好一切！

/桌面/

收纳秘诀：立起来

笔者之前在电视上看到过 T 恤和内衣的立式收纳法介绍。这种方法既能方便拿取衣物，也能节省储藏空间。

其实立式收纳法不仅适用于衣物，也可以用于收纳文件和文具。比如，我们把笔插在笔筒里收纳，显然比横放更加节省空间。

还有一点，如果把笔横放，实际使用的时候，我们至少需要拿笔、换笔等 2 至 3 个动作才能完成。但如果把笔插在笔筒里，只需要 1 个动作就能开始写字，这节省了不少时间。

其实笔筒不单能让笔立起来，它也可以用来收纳杂七杂八的文具，比如订书机、剪刀、削笔刀等等。您不妨也来试试这种收纳方法吧！

进一步说，看上去不能立着收纳的东西，我们常常想不到它也能立着收纳。充电器就是一个很好的例子。如果把充电器随手一放，数据线就会摊成一片，不够雅观。而把它放进笔筒，那就显得十分规整了。

频繁使用的文件和文书可以收纳到文件盒里。如果用不同的文件盒收纳不同类型的文件，那就可以做到收纳加整理，一举两得。如果文件盒横放在桌上，那现在就可以让它们立起来，这也可以节省不少空间。同时，每个文件盒也能单独拿取，从而避免散落和混淆。

❗ POINT　**要想方设法让物品立起来！**

/桌面/

巧用橡皮筋，物品易区分

要时常注意桌面的分区管理，把文具按照用途和类型分类摆放。一旦固定好放置的位置，就能省掉用来寻找的时间，同时用完之后也可以将物品归位，方便整理。

下面，我就来介绍这种收纳方法的升级版！

这里举一个例子，比如上一节讲到的笔筒。其实它的升级版收纳法也很简单，就是给笔筒按纵向绑上几根橡皮筋，用来划分专门插笔的位置。如果增加橡皮筋的数量，就可以更精细地划分收纳空间了，请您根据自己文具的数量相应地进行调整。

要把自动铅笔或水笔等经常用得上的文具放在离您更近的地方，而边边角角可以放一些不常用到的荧光笔和修正带，这样您在拿取的时候就能免去多余的动作了。

另外，不会整理物品的人都会有一些相同的特征，比如他们会同时囤积好几个一样的东西。不信您可以问问他们桌上有几支自动铅笔，他们肯定一时半会答不上来！

虽然多备几样比较容易找到，但实际上他们根本不知道这些东西具体放在哪，所以每次还得东翻西找。

划分空间、确定收纳位置，可以让您一目了然地看到笔筒里具体放了些什么。同时，这样也可以避免您囤积重复的文具，您可以马上发现缺少了哪种文具，并及时补齐。

! POINT　有些笔筒是自带分格的哦！

/桌面/

脚边和桌面，横放省空间

为了尽量利用有限的空间，有时候我们需要改变视角创造新空间。

办公桌很宽时，能衍生出很多种巧妙利用空间的方法，我们这里只介绍一些比较常用的方法。

首先，我们可以在正对着我们的抽屉底部安上一块磁铁，同时找一个纸巾盒，在纸巾盒的底部也安上一块磁铁，将其吸附到抽屉底部。这样桌上不用放纸巾盒，巧妙地节省了空间，同时由于开口朝下，抽取纸巾也变得十分轻松。同样，我们在办公桌侧面粘上一个粘钩，就可以用来挂我们的提包了。

如果您使用的办公桌带有挡板，那么可以在上面粘上若干个粘钩，同时也可以贴上老客户的电话号码或者名片、文件、挂历等物品。

一般办公桌下方的空间是用来安放台式机机箱的，但很多人为了方便拿取光盘、插拔 USB，习惯把机箱放在手边（机箱背后却成为死角）。如果可以把机箱放在带轮子的主机架上，平时就可以把机箱推进去，想要使用的时候再把机箱拖拽出来即可。同时我推荐在办公桌下方放置一个简易的小鞋架，用来放室内鞋和提包。

除此之外，我们还有在桌子周围制造空间的方法。我们完全可以利用这个方法，给自己打造一张“私人定制”办公桌。一旦习惯了思考如何利用死角，您便会发现很多巧妙利用办公桌的好方法。

❗ POINT　养成寻找死角的习惯！

/ 抽 屉 /

给抽屉配上隔板

您是否有过这样的经历：好不容易收拾出来的抽屉，稍微开开合合调换东西的位置，抽屉里就又变得杂乱无章……

我建议您给办公桌的抽屉配上隔板，虽然这是一个非常简单的方法，但实际上却很少有人实践。而这个方法最大的特点就是简单易行，效果很好。

记住下面 3 个要点：

① 隔板一定要稍微矮一些；

② 尺寸要合理，东西不乱放；

③ 使用频率高的物品放在手边。

第一点，如果要存放回形针等小物件，隔板要选矮一些的。如果隔板太高就不方便拿取了。不过，隔板也不能选得太矮，否则开合抽屉的时候东西会弹出来。

第二点，选择隔板的时候要尽量选择一格装一件东西的大小。如果东西放在格子里还会来回乱晃，那就有些浪费空间了，因此每个间隔都不要太大。

第三点和之前介绍的，给笔筒套橡皮筋的道理一样，也是要把类似橡皮、剪刀和印章这些常用的东西放在手边，这样才能更方便拿取。最开始的时候可能需要多多留心摆放位置，但经过反复记忆，随后便会自然而然地将物品恢复原位。

❗ POINT　先量抽屉大小再选隔板！

/抽屉/

文件盒与 A4 文件夹的组合技

很多情况下，办公桌最下面一层抽屉的收纳空间最大。各位读者是怎样利用这部分空间的呢？

有些人会像使用其他抽屉一样使用最下层的抽屉，也有人会用它来放包包之类的私人物品。一般最下层的抽屉都是最深的，如果像用普通抽屉一样使用它，那不是太可惜了吗？

这里建议您将一摞 A4 文件夹的书脊部分朝外，放入一个文件盒，随后再把文件盒立着放进抽屉收纳。保证在工位上拉开抽屉，恰好能看到书脊上的标注。这样放文件不单方便拿取，同时也能一目了然地分清文件种类。

如果用多个文件盒收纳文件，就需要夹上长尾夹做固定，防止收纳时文件盒倒下。

用文件盒和 A4 文件夹来管理文件既能防丢失，又方便拿放文件，而且文件盒本身也较方便拿取。

❗POINT　除了可以放 A4 文件夹之外，放别的东西也很方便呢！

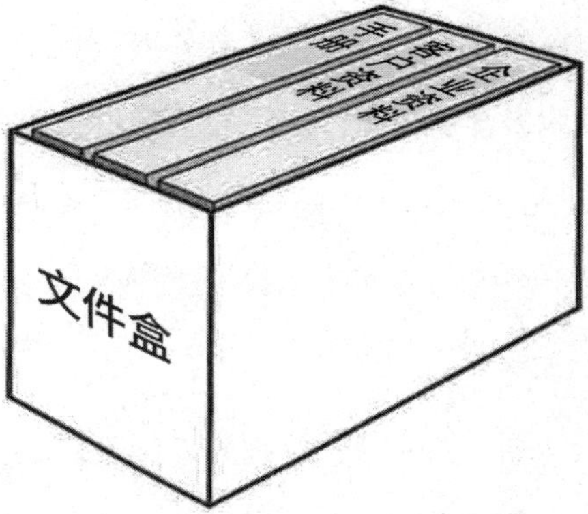

/抽屉/

常留一个空抽屉

有些朋友经常把做到一半的工作暂时搁置，桌上摊着一堆文件就直接跑去开会，根本来不及整理办公桌上的“烂摊子”。其实，理想的情况应该是收拾好桌面再去做别的工作。这里给您介绍一个收拾桌面的小妙招，那就是留一个不放东西的抽屉。

普通的办公桌一般会有三层抽屉外加正对着椅子的浅抽屉，请您在这几个抽屉中选择一个，不在里面放任何东西。这个抽屉就可以用来暂时存放文件。把文件暂时收纳进去，可以让您明确暂时搁置的文件具体放在什么位置，也能分清各项工作的轻重缓急，因此这个方法方便您掌握工作进度。

这种方法的优势在于可以把之前正在处理的文件整理到一起，暂时保管，随后又能及时取出。同时，放在空抽屉里的文件方便及时处理的，这样就不会出现忘记要处理文件之类的低级失误了。

此外，文件的性质有很多种，有些文件属于公司机密，绝对不能被外人看到。因此，不能把这类文件往桌上一摊就离开座位。但只要把它们放进抽屉，就算您离开座位也不会被他人看到了。

同时，这种方法也能让您的桌面时刻保持整洁。当您离开座位的时候，想给别人留一张便条，整洁的桌面也会让其更加显眼。

❗ POINT　如果要暂时收纳，最好使用正面的抽屉哦！

/ 储物柜 /

拓展“悬挂收纳法”

相信有的读者朋友在单位拥有个人的储物柜。其实储物柜和办公桌一样，只要好好整理也会很方便使用。储物柜可以用来存放不能放在办公桌抽屉里的物品以及私人物品。储物柜不但方便拿取而且容易收纳，因此它也能帮助您提高工作效率。

这里推荐您使用“悬挂式收纳法”。

很多人习惯用衣架挂衣服，而使用 S 形钩就可以挂上提包，而且提包里面又可以放别的东西。这种“悬挂式收纳法”，可以在无形之中扩大我们的收纳空间。

如果是铁制储物柜，就可以在上面安装一些磁性挂钩。

为了保持卫生清洁，储物柜的底层最好不要收纳物品。这样做的好处是，储物柜不容易积灰，且非常容易清扫。

如果储物柜带有置物架，就应该把不经常使用的物品放在储物架上。先把不使用的物品和不常移动的物品放在固定的位置，这样就可以在储物柜中腾出更多空间。

推荐您在储物柜存放不常用的物品。很多单位会给员工发放备品。您可以把单位发给员工的头盔和应急食品放在储物柜上层，避难专用鞋放在下层。[①]这样做的好处是：一方面我们可以很容易地检查应急食品是否过期；另一方面在遭遇突发事件时也比较容易寻找和拿取。

POINT　每月需整理储物柜一次！

① 日本地震频发，企业会给员工发放应急物资。——译者注

/书架/

规则不必难，检索变简单

有很多朋友因为工作的关系，需要购置很多书作为参考资料。我们常习惯用书架来收纳书籍，但由于经常购置图书，书架很快就会被填满。如果不合理收纳，我们就很难找到我们需要的书，或者干脆忘了买过什么书，从而重复购买同一本书。这不论是对金钱还是时间，都是一种浪费。

首先我们必须有一个大前提，那就是：书一定要立着收纳。如果横着收纳，书本很快就会摞成一个“书堆”，最后我们连最底下是哪本书都会忘掉，而当我们要拿底下那本书的时候，整个“书堆”都会坍塌。

书籍理想的排列方式是，模仿书店的排列方法，以书名、标题的首字母顺序进行排列，但这种状态很难长久保持。

这里建议您将已经读完正准备放回书架的书或读到一半

之后还要读的书放在整个书架的右上方(或左上方)。这样做,就可以把旧书(已经读完并放回书架的书)往里面推。书架装满之后我们就可以按照由旧到新的方法淘汰处理旧书了。

这里还有一个简单的方法,就是把读完的书颠倒着收纳(即让书脊上下颠倒)进书架。这样我们就能一目了然地区分读完的书和正在阅读的书了。设定好自己的小规则,不单方便我们寻找需要的书,还能很好地区分没读完的书。

❗ POINT　也要学习从电子书里搜集资料哦!

/包包/

让随身物品在包包里“安家”

您的包包里有什么？

您的包包里有没有装餐巾纸？

您应该很容易回答这些问题吧？那么是否有过这样的经历：包包里装了一堆没用的东西，越来越沉，想要拿取需要的东西，却无论如何也找不到，根本不知道它们都被放哪儿了。

如果想要解决这些问题，就要让包里的东西有规律，让它们在包里“安家”。

如果您的包包里放了不需要的物品，那么请您先把包里的一切统统倒出来检查一遍。之后只要留几样明天需要的物品，把这些物品放进包里就够了。这时，您可能会惊奇地发现：包里其实放了一堆类似杂志、旧文件和已经不能使用的文具等杂物。

第二天也和前一天一样，包里只留重要的东西，用不上的东西就应该尽早取出来。这样，您包里的收纳空间就一定会变得有规律了。

有了规律之后就要考虑给各种东西“安家”了。比如把笔盒放在包包最大夹层的右侧，餐巾纸可以放在小内袋里，月票（门禁卡）则要放在最方便拿取的位置。

每样东西都有固定的收纳位置，所以就不容易遗失了，同时还节省了不少用来寻找物品的时间。由于我们学会了妥善使用各个内袋和夹层，包包中部的空间就被腾空了，也就能轻松地收纳大件物品了。

! POINT　用完东西之后一定要记得放回原处哦！

/包包/

把工作用具收纳到工具盒

擅长工作和不擅长工作的人的差距就藏在他们的包包里。擅长工作的人，会把包包里的笔记本、文具等小物件收拾得整整齐齐，并且随时都能拿出需要的物品。这样的人自然能够高效率地推进自己手头的工作了。

相反，如果包里的东西放得乱七八糟，不但会影响工作效率，也会给人邋里邋遢的印象。在您拜访客户时，如果不能及时取出所需文件，总是让对方等待，那么对方自然会毫不留情地给您贴上“不会工作”的标签了。

当然，很多人会推脱自己工作太忙，根本没有时间整理包包。

因此，我们需要一个大小正合适的工具盒：把自动铅笔、水笔、橡皮、直尺等基本工具，以及资料、笔记本等工作辅助用品都收纳到工具盒。若把这些东西全都放进工具盒，我们就可以随时拿取，同时也能随身携带工作必需品了。等您回到公司后，同样可以把所有物品一股脑儿地放进一个工具盒里，这真的很方便啊！

最近，我发现有很多朋友会背商务背包上班，而拜访客户或外勤时则会使用公文包。这些人习惯根据当天的日程来选择不同的包包。

这就需要我们把工作必需品从一个包挪到另一个包，这确实有点麻烦。如果您事先已经把物品收纳进工具盒，那么就可以直接将工具盒装进包里，这样您在需要更换包包时就会十分方便。

! POINT　有了工具盒，换包变轻松！

/包包/

充电器、数据线，分类收纳最妥善

最近，越来越多的商务人士会携带手机和笔记本电脑。有不少营业部员工每天大多数的时间都会在公司，而外勤时，一旦没有网络，他们甚至无法开展工作。

如果要使用电子产品，那一定不能忘了带充电器和数据线。最近很多新干线线路和公共场所都开始提供公用电源，但我们还是要带好和自己设备型号匹配的充电器和数据线。

我们的包里至少要放手机充电器、电脑充电器，还有能支持手机和电脑连接的数据线，甚至是备用电池、U 盘……如果把这些东西一股脑儿地塞进包里，您可能根本分不清它们到底“谁是谁”，而且这些电线也可能缠作一团，“难解难分”。相信有很多人对此都感到十分棘手。

那么，就让我们利用这次机会好好整理一番吧！

我建议您准备几个透明的小盒子、小袋子。或者直接在物品上贴上一些不同颜色的小标签，这样您就能分清它们了。

虽然要把那么一大堆东西分好类再放进包里确实要花费一些时间，但若这些物品没有各自的区分标记，我们在拿取的时候还是要逐一确认。如果拿出来一看，并不是自己想要的东西，就只能再把它放回去，这才是真的浪费时间呢！

我们可以在百元店[①]买到我们需要的收纳盒。由于收纳盒的大小、颜色、形状都不相同，所以建议您根据需要自行选择。

POINT　不要把数据线卷着收纳，否则可能会折断哦！

① 100日元相当于6元人民币，百元店类似我们的10元商店。——译者注

/钱包/

钱包用法有玄机

擅长工作的商务人士使用钱包的方式同样与众不同。想象一下，您和客户用餐完毕，正要付账，此时客户刚巧看到您的钱包塞满了各种账单、会员卡，那么您在对方眼里的印象一定会大打折扣！

只要您肯稍微下点功夫，学会合理、巧妙地使用钱包，您在人们眼中的印象就会大大提升。

您需要首要考虑的问题是：您需要什么样的钱包？钱包主要分长款和折叠款两种，两者各有自己的优势和劣势。在商业会晤中，我推荐您使用长款钱包。由于长款钱包比折叠钱包更薄，您可以把它放进西装的内袋里，只要不塞得太满，就不会破坏西装的板型。另外，把钞票收纳在钱包里，可以避免钞票被折叠扭曲。据说，妥善保管钞票（钱币）可以提升财运。

在使用长款钱包时，首先要知道这种钱包的收纳能力不如折叠钱包。但正因为容量较小，所以要严格挑选收纳到钱包里的东西。因此，在我们从钱包里翻找重要物品的时候，相对也会比较容易找到。相信有很多人会把闲置超过一年的积分卡塞在钱包里吧？还不赶快整理一下？

此外，收到发票和收据的当天，应该尽快把它们从钱包里取出来。如果是用来核算经费的单据，就应该收纳在单位的抽屉里；如果是拿来在家记账或纳税申报用的单据，就要收纳在文件夹里。只要稍微麻烦一次，今后要整理的时候就会变得非常方便了。

! POINT　零钱要尽量使用电子现金哦！

/西装/

西服口袋用法冷知识

一般来讲，西装马甲外侧的口袋位于左胸和左右腰身部位。这种口袋属于传统的设计风格。这些口袋虽然能用来收纳一些小物件，但马甲外侧的口袋几乎没人使用。如果硬要装些东西，衣服的板型就会垮掉。当然也有不少人会把手揣进腰部的口袋，但还是希望您改掉这个习惯。一般说来，左胸的口袋不该放任何东西，除了手帕。另外，有一种西装马甲会在右腰口袋上方再缝上一个小小的口袋，这个口袋叫作“零钱袋”，是专门用来收纳零钱的。但实际上这个口袋因为设计得太深，其实很不好用，因此还是希望不用为佳。

下面，我们一起来谈谈马甲内袋的用法。左右胸内侧的口袋可以用来收纳卡包、名片夹之类的轻薄物件。最好将这些物品放在您惯用手反方向的口袋里，以方便拿取。

左腰内侧的口袋为了防止扒手盗窃，因此设计得很难把手伸进去。这个口袋可以用来收纳各种卡以及出国时需要的护照等贵重物品。

右腰内侧的口袋可以放一些稍微有厚度的东西，从外面是看不出来的。因此即使用来收纳厚一些的钱包、手机或者香烟盒都没问题。这个口袋的位置不方便快速拿取物品，因此使用的时候请考虑到这一点。

除了口袋之外，传统西装的各个部分都有各自的用途。因此我们要好好学习它们的用法，这也是作为商务人士要了解的。

❗ POINT　清洗衣物时要注意检查口袋哦！

/衬衫/

衬衫胸袋真方便

前文对西装马甲的用法做了介绍，但在使用马甲口袋时还必须注意一点。那就是我们经常会脱掉马甲。比如外出时，在公司搬东西时，天热时，打扫卫生时……不管哪个季节，人们都会时不时地脱掉马甲。

如果您刚好习惯把笔放在马甲的胸袋里，脱了马甲，说不定您就忘了把它放在哪儿了；或者您刚要和客户交换名片，刚巧又没穿马甲……这些事情都很让人难堪。

而衬衫和马甲不同，我们在工作的时候并不需要脱掉衬衫。这就创造了很多优势。只要把东西放进衬衫胸袋，不论什么时候只要一伸手就能拿到。但没有多少人知道衬衫胸袋到底应该放什么。

其实对商务人士而言，衬衫胸袋是非常便利的，我们完全可以用它来装名片夹、手机、月票、手帕等。因为胸袋的位置便于随时拿取，所以我们可以用它来放一些经常用到的物品。

比如您可以在衬衫胸袋里放几张用来做笔记的小卡纸，一旦您需要记录，马上就能开始动笔。或者您可以把打印好的日程表放进胸袋，这样随时都能拿出来确认日程安排了。

别看衬衫胸袋的空间不大，但确实是一处极为方便的收纳空间，请您一定要合理使用哦！

❗POINT　胸袋别装太满，否则人会显得很邋遢哦！

第 2 章

迅速整理，“纸纸”有条

纸质资料不怕多

“分类”“丢弃”仔细说

/文件/

按进度收纳，防失误发生

如今，数字化浪潮已经席卷商界，但纸质资料、纸质文件仍然广泛应用于商业活动之中。而且纸质资料堆满一桌的情况也不鲜见，对于不擅长整理的朋友而言，整理纸质资料的难度显然太大！下面就给这些朋友推荐一些基本分类法，请各位按照下面的顺序，并根据工作实际进展情况，先给文件分分类：

① 未处理的文件；

② 正在处理的文件；

③ 正在完成定稿的文件；

④ 已经处理完成的文件；

⑤ 已经归档的文件。

首先，把不需要及时处理的文件归为第一类，放在一边。

虽然看都不看就放在一边容易造成疏漏，难免让人不太安心，但我们只是预留一个位置，放一些“暂时未确认的文件”，到时候我们再“集中起来一并确认”，这样就安心了。这部分文件一定要找个时间集中检查一遍哦！

之后我们把正在处理的文件归为第二类；正在完成定稿的文件归为第三类；而处理完成但也有可能会持续跟进且有问题反馈的文件需要放在手边，这类文件我们把它归为第四类；处理完成且连续多日没有问题反馈的文件以及需要公司内部共享的文件要归为第五类。第五类文件需要定期整理并移动至共享文件库。

❗ POINT　注意分类不要过于详细哦！

/ 文 件 /

文件整理小妙招：巧用 A4 透明文件袋

商务活动中使用的文件几乎都是 A4 规格的，因此在整理文件时我们一定会用到 A4 规格的透明文件袋。

这种文件袋十分普及，因此很多人都会使用。装在透明文件袋里的文件一目了然，方便拿取，同时也可以把它夹在其他物品之间，方便收纳。同时，将文件放进文件袋收纳，也可以避免折叠和污损。而且文件袋价格低廉，可以大量使用，简直好处多多！

文件收纳一般有两种方式，即“封闭式”和“开放式”。

在工作推进过程中，如果产生了大量文件，则可以用文件夹或订书机将它们归纳成册。如果工作初期就涉及许多信息，那么封闭式收纳法的效率就很一般了。若要把文件随意堆放，那么寻找文件也要大费周章，而文件袋则能为您彻底解决这个问题。小小的一个文件袋里可以放进一大摞文件，而想要拿取的时候也可以轻松地取出您需要的那份文件。

文件分类时，可以准备若干个文件袋，最后再把它们一同收纳到一个大文件盒里，这不就和在电脑上整理文件夹一样简单了嘛！

如果文件只有一页纸，那就一定要把它放进文件袋！因为这很容易造成这张文件被混进不需要的文件里。虽然单独占一个文件袋显得不够节约，但这却可以避免您重写文件，浪费宝贵的时间和精力。

❗ POINT　整理文件的基本方法就是收纳到文件袋!

/文件/

A4 以外全部成册

由于我们工作中使用的文件多为 A4 规格，因此市面上的文件袋也主要是这个大小。

但是，商务活动中有时也会用到诸如 A3 或 B4 规格的资料。如果想把这些文件也收纳到 A4 规格的文件袋里，那就必须折叠。但这样做的弊端在于会让文件袋显得太过鼓胀，同时折叠的文件也不容易识别。

这里推荐您将这些文件制作成册子再进行收纳。

比如 A3 规格的文件，就可以让印刷面朝内上下对折，然后在文件背面涂上胶水，贴在下一页文件的背面。接着让每页文件彼此黏合，就能做成一本册子了。

用这种方法不论有多少页文件也可以轻松粘好。最重要的是，这样处理后的文件体积不会很大。而且，如果能把胶水稍微涂薄一些，今后如果需要去掉其中一页纸也很容易。

虽然制作成册可能需要花些时间，但如果是需要长期保存的资料，那还是希望您能使用这个方法，相信您的努力绝不会白费。

POINT 可以在第一页前再贴上一张白纸作为封面哦！

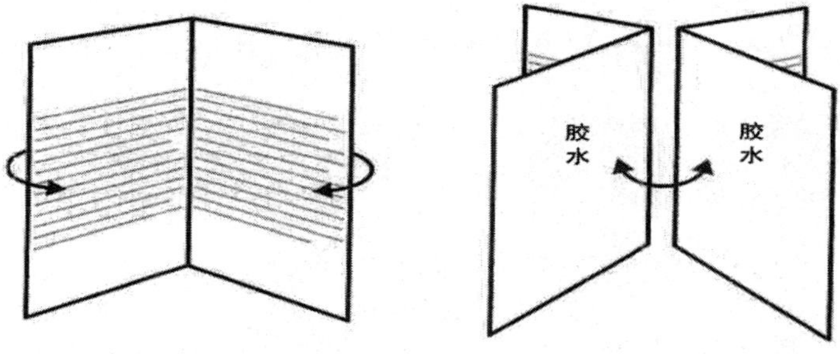

/文件/

贴个小标签，检索更简单

文件袋的数量越来越多，我们可能会开始分不清每个文件袋收纳的文件类别。这时候我们就需要使用到标签（索引）了。

我们可以准备一些标签贴纸，贴在文件袋上以便区分。但如果您习惯堆放文件袋，那么标签会被挡住，因此希望您能将文件袋立起来收纳。平时我们通过标签上的提示，不必拿出文件就能知道文件袋里到底放了哪些文件了。

在文件袋的右上角贴上标签，这样不论是纵向收纳还是横向收纳，都很容易看到标签的内容。

标签要区分好标题的主题。您可以按照客户名或者项目名进行分类。关键是一定要写清楚具体的名称。

将索引写在文档本身上也很有效，最好是拿到文件第一时间就写出文件的内容。但话说回来，这套工序如果太耗时间就没有意义了。因此您只要记录好日期、概要、备注，就足够了。这里要注意，概要部分要能让人一目了然。如果是合同等重要文件或者是暂时替客户保管的文书，则不能直接在上面标注索引。不过您可以给这种文件贴上便贴纸，并把索引写在便贴上。

我们还可以把这类加过备注的文件袋放在所有文件袋的最上边，这样更能提高辨识度也更容易检索。

! POINT　索引的内容务必简洁哦！

/文件/

文件多色彩，内容好分类

之前介绍了使用标签区分文件袋的方法。但市面上也有彩色标签，而且文件袋本身也有很多颜色。我们正好可以利用不同的颜色轻松区分文件。

各位读者朋友，你们会用哪些颜色给文件分类呢？虽然不同颜色很好区分，但如果颜色和文件类型根本没有联系，那么按颜色分类的效果也会大打折扣。比如您看到蓝色文件袋，但根本想不起来里面放的是什么文件，那么这样的分类便是失败的。

挑选颜色的重点在于建立颜色与内容物的联系。比如红色给人的印象是“紧急”“危险”，因此我们可以用红色文件袋收纳重要文件或者优先度较高的文件。总之，只要颜色印象和内容物能对得上，我们就能靠直觉区分文件内容了。

黄色和红色印象相近，但黄色代表“重要”的程度稍低。因此想要表示一般重要的文件时，则可以使用黄色文件袋。

不过，对颜色的印象因人而异。因为区分文件的人和日后处理文件的人都是您自己，所以只要选择自己能理解的颜色就好了！

另外最好使用 3 种颜色进行分类。如果使用太多颜色，就需要仔细考虑颜色和分类的联系了。所以最好先用 3 种颜色分 3 个大类，再按照之前讲过的方法，在每个大类下用标签做详细分类。

❗ POINT　可以在公司内部按照统一的颜色标准进行分类哦！

/文件/

文件袋里要“套娃”

面对一大摊文件袋，除了制作标签之外，我们还可以利用文件袋本身进行整理。下面就来试试看吧！

我们的方法是，把若干个分好类的文件袋统一放进另一个文件袋里。换句话说，就是把已经分好类的文件袋再归纳进一个大文件袋里。

文件袋套文件袋，相当于给文件袋“增肥”，不少人会有抵触情绪。但只要您肯试试，就会发现它的便捷。而且由于我们只是把文件袋集合在一起，所以即便“增肥”也不会太离谱。

比如我们要搜集“各行业新闻”，就需要按照“服装类”“家电类”“IT 类”等，给每个行业都单独准备一个文件袋。然后我们就可以把这些分类好的文件袋统一放进“各行业新闻”的大文件袋里。此时这个大文件袋里就已经涵盖了“各行业新闻”的所有内容了。

大文件袋可以让我们一次性移动所有小文件袋，同时由于分类已经完成，因此方便查看和整理。

您可以把这种收纳方法想象成是在用电脑创建文件夹。

一个文件夹里可以含有若干文件夹，打开这个文件夹，里面还有更多文件夹……这种方法能够让您轻松实现多个文件夹的分类和归纳，值得更多人尝试。

❗POINT　使用不同颜色的大文件袋会便于区分哦！

/文件/

最新文件放手边，效率提升看得见

第 1 章我们介绍了用文件盒收纳 A4 纸文件的方法。当然您也可以把文件盒替换为文件袋。这时我们再也不会把文件随意收纳，而是按照一定的规则进行归类。我们可以把文件先装进文件袋里，并按照“最新文件放手边”的规则进行排列。

这种收纳方法的优势有以下两点：

① 伸手就能拿到正在处理的最新文件；

② 因为旧文件会被挤到最里边，因此丢弃文件只要从最里面的开始扔就可以了。

目前正在处理的文件，不知道什么时候能派上用场，所以要把它放在容易发现的地方，这样就能为您节省用来寻找的时间了。而且，旧文件会随着新文件的加入不断被挤到后排，如果文件数量过多，需要处理掉一部分时，我们可以从后排文件开始考虑是否需要丢弃，真是简单又快捷。

我们可以在大号文件盒里，按照使用频率由高到低的顺序收纳多个文件袋。而文件袋里的文件也要按照使用频率由高到低的顺序排放。这种多层次的整理方法能让我们日后的工作更加轻松。您不要觉得这套工程太复杂，其实只要按照“新文件放手边”的规则进行排列，一切就都简单了。

不过，还有一些我们需要注意的地方，那就是有些文件可能一时用不上，但早晚会用到，那时就必须第一时间把它们找到。这部分内容将在随后介绍。简单来说，这些文件一定要放进公司内部的公共文件柜，或者通过扫描等方式转换成电子版。

❗ POINT　要记住按照工作进程摆放文件哦！

/文件/

巧用压缩式收纳法

上文介绍了一种方便搜寻优先度较高的文件的收纳方法。虽然这已经是很简单的方法了，但相信有些读者还是觉得稍微有些困难，下面我就给大家推荐一种更简单的收纳法。

我参考了野口悠纪雄先生在《“超”整理法——情报检索·提议新体系 3》中介绍的整理法。虽然这本书已经出版了 25 年之久，但它仍旧能应用于当下的不少商务活动中。

下面我们就来看看这套方法到底多简单！

① 把所有文件放进一个大信封里，竖立摆放；

② 随后在信封正面右上角标记文件名，左边标记序号；

③ 寻找文件的时候要从左侧开始找；

④ 用完的文件要放到最左侧。

这样做的好处是，最左边的永远是正在处理的文件，而使用频率低的文件就会被挤到右侧，这样您就能轻松地丢弃或处理旧文件了。

这种方法能让文件随着时间自动排列，而不需要您自己考虑具体摆放位置，因此是一种十分便利的文件整理方法。

❗ POINT　也可以把信封替换成文件袋哦！

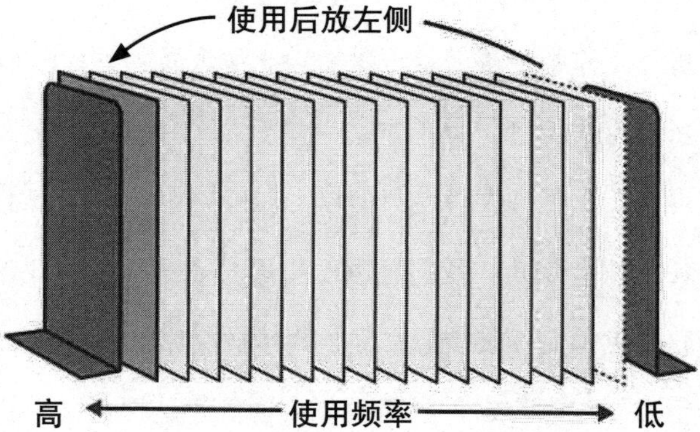

/文件/

合理使用小隔断，文件归类超简单

在前面几篇文章中，我给大家推荐的方法都需要使用文件袋，不过有些朋友虽然知道立式收纳的好处，但时间一长还是习惯把文件袋堆成一摞，又或者您是在广告公司、出版社上班，工作中使用海量纸张，因此很难做到立式收纳。

虽然这次给您推荐的方法只是一个“权宜之计”，但确实算得上一个整理文件的好方法。这个方法就是给堆叠的文件中加上几个隔断。我们可以使用厚一点的卡纸，或者干脆用不同颜色的文件袋装好文件，再堆放起来。

但需要注意，这种隔断要能方便您迅速区分文件类型。比如将文件分为“已检查”“尚未检查”等。我们可以在厚卡纸上写下“已检查”，或者干脆把卡纸本身作为区分是否检查的标志。相反，在设置隔断时，不论我们对分类的方法如何记忆深刻，时间一长也有可能忘记自己当初定下的“规则”。这时候我们就不得不再次逐一检查文件了。

因此建议您多花几秒钟时间，在隔断写上“检查完毕”或者“以上检查完毕”。我们多花的这点小心思，在工作繁忙的时候却会起到很大的作用！

这种方法最适合那些不太注意整理文件的朋友了。只要您能持之以恒，肯定也会慢慢爱上整理工作的！等您习惯整理之后，就可以尝试使用前文介绍过的更注重细节的整理方法了！

❗ POINT　文件不要堆太高，小心“塌方”哦！

/文件/

两孔式与折叠式文件夹

前文介绍了使用 A4 规格文件袋进行文件归类的方法，其实市面上文件夹的类型有很多。我们可以根据整理用途，选择合适的文档归类工具。

比如，会议记录、报价单、报告书等需要长期保存的文件，推荐使用两孔式文件夹保存。我们可以按照由旧到新的规则进行装订，且第一页永远保持是最新文件。此外，我们也可以按照时序查找文件，这样做能让文件排列显得有条理，这同时也是这种收纳方法的特点之一。

如果需要频繁拿取、替换文件或者文件只是暂时保管，那么我建议您使用折叠式文件夹。只要随手一夹，文件就能轻松收纳。由于这种文件夹体积够大，所以也很方便寻找。同时它也可以立式收纳到文件盒里。

折叠式文件夹也可以配合文件袋一起使用。前文中介绍过用文件袋代替文件夹以及用文件盒收纳大量文件袋的方法，而现在您完全可以把文件夹当成隔板来组合使用。

POINT　快去看看还有没有更方便的文件夹吧！

折叠文件夹

双空文件夹

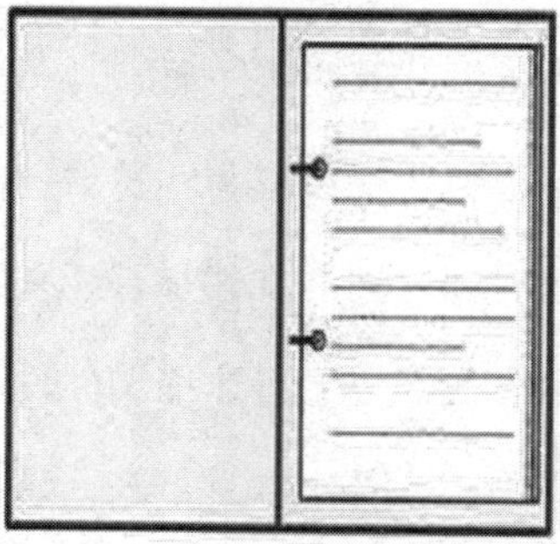

/ 文件 /

按日期和数量处理作废文件

整理文件必须面对的一个大前提就是，文件终究会积存下来。因此我们需要处理掉作废的文件。这看似并不复杂，但对于那些半张桌面上都堆满了各种文件的朋友们来说，判别应该淘汰哪些文件却成了一道难题。

这似乎已经成为一种普遍问题。世界上有些人确实能够在短时间内判别文件是否还有用，当然也有人对此没有任何天赋。他们总觉得这些文件说不定今后还能用上，因此不敢轻易丢弃。长年累月下来，满桌的文件，竟然无法记住它们的具体位置。现在正在阅读本书的您，是不是也有这方面的烦恼呢？

首先让我们自己定一个规则吧！如果您有定期处理掉文件的习惯，不管是按照什么规则处理，其实问题都不大。但这里还是给您列举一些规则：

① 决定好需要丢弃文件的种类；

② 隔一段时间处理一次文件；

③ 决定好保存文件的位置。

规则①可以根据您的职业具体做调整，主要是确定“必须丢弃”的文件。比如客户发来的收据，很多人习惯把这类文件归纳在一起存放。规则②主要是设定一个日期，让我们能主动去丢弃文件。您可以每隔 1 个月、3 个月或半年，配合您的工作安排处理过期文件。规则③适合那些只留一个文件盒的人，可以强制让他们在文件盒放满前尽快处理文件。

! POINT　扔掉文件的时候千万不要“藕断丝连”哦！

/文件/

巧用无纸化，减少纸质版

最近日本政府推广无纸化办公，很多公司也开始了实践。由于无纸化办公可以省去存放文件的空间，又能减少开支、节约资源，因此得到了很好的普及。在以前，报价单、发票之类的文书必须使用纸质版，而如今有很多企业都开始允许使用 PDF 格式的文件。

尤其是外勤人员更加支持无纸化。现在是资料跟着人走，在线存储（参考 P108）技术能让外勤人员轻松调取公司内部文件。

无纸化办公的关键在于，我们可以彻底摆脱任何纸质版文件的束缚！

首先，资料类最好都转换成电子版。如果必须使用纸质版，那么也要在第一时间扫描转换成 PDF 格式。即便日后还需要使用，在电脑上打开文件也比从文件袋里翻找文件来得快。

外勤人员到了外派工作地点，首先就要用手机照相功能或数码相机拍好文件的照片，以便转换成电子版。

并且，转换成电子版时要给文件夹或文档合理命名。很多人会因为太忙，所以给文档的命名都过于简单，但日后就会搞不清具体是哪个文件，只能逐个打开，仔细查找。这里建议您至少要把日期以数字形式标注上去，最好再加上内容和负责人等简单说明。

❗ POINT　要想好是不是一定要用纸质版哦！

/文件/

给你的文件“减减肥”

文件太多，不管怎么归档收纳，也会变得十分累赘。虽然之前介绍过使用文件袋整理文件的方法，但这也难以避免储存空间不足的问题。如果一味地把文件塞进狭小的空间，等到需要拿取的时候就会浪费许多时间，那么我们之前的整理也失去了意义。

习惯给文件归档之后，我们就要开始学习如何给文件“减肥”了。这里我们只介绍减少纸张使用量的方法。下面我给您提供 3 个方法：

① 不需要的文件不归档，直接扔掉；

② 打印文件时可以缩印，正反面打印；

③ 不要让订书钉、回形针、长尾夹重叠。

第一个方法帮助我们辨别文件是否需要归档。如果我们要归档所有文件，那么就算有再多文件夹也不够用。我们应该只归档有用的文件。

第二个方法主要是提示我们：如果B4和A3规格文件缩印后不影响阅读，也可以将它们缩印成A4规格。这样同样方便归档。双面印刷也能大大减少纸张用量。

第三个方法主要是提示我们：如果回形针都夹在文件的左上角，那么文件堆叠后，左上角就会十分厚重，从而影响收纳。因此如果固定位置没有必要统一，那么为了便于收纳，完全可以错开固定位置。别看这只是一个小小的举动，带来的方便却超乎您的想象。

❗ POINT　不需要订书钉的订书机也超好用哦！

/文件/

办公达人的废纸处理法

在单位清理废弃文件时，绝对不能直接把它们一股脑儿地塞进垃圾桶。我们首先要了解各个行业、各个单位对废纸的不同处理办法。有些单位会单独留出一个位置，用来处理大量废纸。日本有的写字楼还会专门设置固定的用来处理废旧纸张的暂存点，同时也会安排固定的废纸处理时间。有些公司还会规定废纸要成捆处理，不得直接装入垃圾袋。

有时候，我们还需要根据纸制品的不同类型来进行单独处理。特别是海报和宣传册等经过二次加工的纸制品，在处理时更要多多留意。

还有一点必须注意，那就是有些机密文件或者记录个人信息的文件必须先用碎纸机粉碎后才能处理。总之不能让别人知道文件上面的内容。

用碎纸机处理文件时，一定要注意先把订书钉和回形针之类的金属物取下来。不过，近些年来，有的碎纸机也可以剪碎订书钉了。如果是这种机型，那么也可以不把订书钉取下来。因此，在使用前，一定要确认好具体是哪种机型。

顺带一提，在没有碎纸机的单位或者家庭中，一定要尽量把文件剪碎，让其内容无法识别，才能丢弃。

另外，地址和姓名的部分可以用黑印章将其涂黑，一般文具店都能购买到这种印章。

❗POINT　纸类是有限资源，一定要注意节约哦！

/账单/

发票未结算，文件袋里钻

对于公司外勤人员来说，最难整理的其实是票据。采购发票、停车发票、陪客户吃饭也要开发票……一个月算下来至少能攒一大摞。

如果不能好好整理这些发票，到了月底结算的时候，很可能会亏钱！但如果把所有发票都仔仔细细地记下来，这可要花很长时间。要是一个不小心，弄丢了发票，自己也忘了这回事，最后就得白白替公司垫钱。还有一种情况，就是虽然有发票，但搞不清楚是哪笔账。总之，保管发票和处理发票总让很多人感到头疼。

由于发票比一般文件都小，不管放哪儿都容易和其他资料弄混。如果直接放在钱包里保管，又有可能混在超市收银单里，一起被扔掉。

所以拿到发票当天，一定要把它从钱包里取出来。最好再给发票做一些简单或者详细的记录，以防日后遗忘。

整理发票也要用到文件袋。这里给您介绍一个最普遍也是最好用的方法：先按照日期排序，用回形针把发票夹在一起，之后统一放进文件袋，再在文件袋上贴上标签，做好标注。这样，发票的来源就一清二楚了。

等下次公司报销的时候，您就再也不用担心自己会不会替公司“埋单”了。虽然有些发票都是些零零散散的小账目，但加起来也是一大笔开销呢！所以请您一定要保管好发票！

❗ POINT　就算开不出发票也要尽快记账哦！

/名片/

保管按时序，名片有秩序

在商务活动中，最难整理的应该就是名片了。

您是否有过这样的经历：刚巧准备和客户取得联系，但必须从一大堆名片里犹如大海捞针般翻找……如果是收纳在名片夹里，那还好说。不过，总有人习惯用一个大号燕尾夹来归拢名片，等需要的时候再一张一张地确认。但工作繁忙的时候，谁还舍得浪费时间寻找物品呢？

其实收纳名片的方法很简单，那就是按照时序保管。如果不按照结识的时间进行排序，随意存放名片，那么今后就会相当难以管理了。

我们的方法有以下几个优点：

① 拿取方便，不易破坏原有顺序；

② 无须记忆，自动排序；

③ 无须考虑职位和姓名排序，不用考虑新得到的名片的存放位置，不占用名片夹的储藏空间。

这个方法虽然简单易行，但要在名片上记录收到的日期！这个步骤绝对不能忘哦！有了日期，即便我们还是想不起来名片背后的真人，也可以按照日期查看以往的日程表，确认当天的日程安排并锁定目标。随后，我们很快就能把名片和真人对号入座了！

! POINT　也可以使用名片盒哦！

/名片/

联络频率分两类，名片整理不太累

在整理名片的时候，很多人会优先考虑对方的职业和姓氏排序，但这完全没有必要。如果使用时序进行排列，那么我们接下来只要把名片分为两类就好了。

第一类是联系频率高的人。比如老客户、合作企业或者是经常打交道的某单位负责人等。

另一类是偶尔联系的人。比如一家仅仅去过一次的餐馆的员工、曾经共事过的同事等。

有些朋友会有疑问：只分两类够不够啊？对此我只能告诉您，这可比分门别类保管省了一半的时间呢！如果您有给名片仔细分类的经历，一定更能体会到这种方法确实省时省力。

不给名片做好分类，就很容易忘记和对方结识的地点。

而名片和真人对不上号，也总让人感到不放心。为了防止这类事情发生，我们可以在名片反面标记日期，更要标记对方的特征以便识记。

如果您擅长画简笔画，不妨给对方随手画个肖像。这样之后再看到名片很快就能和真人对号入座了。当您在一天中要和好多人交换名片时，这不失为一个好方法。

如果您还是觉得不方便，那也可以用手机里的 App 完成这项工作。如果交换名片后不方便当场记录，也可以暂时拍照保存。

❗ POINT　标注身体特征更方便识记哦！

/名片/

废弃有规矩，名片好整理

很多朋友不愿意把名片轻易丢弃。即便曾经相互关照的伙伴和您渐行渐远，但对方的名片却不是那么能轻易丢弃的。

不过，若您不想马上处理，名片只会越攒越多。因此我希望您还是下定决心好好整理一次吧！把名片的数量控制在最佳范围，只留下需要的名片，这不仅方便管理，同时也容易查找。我们不妨结合工作需要，开始丢弃一部分名片吧！

丢弃名片时，首先一定要有明确的判断标准。

最开始，我们要选择整理名片的时间。一般一年整理一次就够了。如果一年之间都在和对方打交道，那请您妥善保管好对方的名片，暂时不要清理。

问题的关键在于如何处理超过一年没有联系过的人的名片。如果您连对方的样子都想不起来，那便可以直接扔掉对方的名片了。就算您觉得早晚还有合作机会，但已经超过一年不再联系，即便有可能再合作，概率也相当低了。

就算真的还有合作的机会，现在这个时代，只要随便在网上查查，或者在社交软件里翻翻，总能知道对方的联系方式。毕竟现在很少有人单靠名片来了解一个人了。

如果您还是拿不定主意，不知道该不该扔，那就把这些名片并排复印到 A4 纸上，这同样可以节省收纳空间。当然，也可以直接扫描保存电子版。

❗ POINT　扔掉的名片一定要粉碎掉哦！

第3章

“数据”使用有高招

处理诀窍要抓牢
电子工具要用好
整理方便又高效

/ 接收邮件 /

“邮件归类”来做伴，重要联络不漏看

电子邮件（E-mail）是商业活动中最主要的联络方式。如果您能掌握电子邮件相关技术，那意味着您从事商务活动的能力也在提高。

下面就介绍一些高效使用电子邮件的方法。首先介绍一个“自动归类”功能，就是在达到某种条件时，邮件会自己分类。很多邮箱都支持这个功能，邮箱会根据发件人、邮件标题等项目进行分类，就算收到再多垃圾邮件，也不会错过重要客户的邮件。

例如，您想要设定按照一定条件给发件人归类。此时您可以先按照客户类别新建几个文件夹。如果邮件满足一定条件就会自动接收并发送到这个文件夹里。另外如果设定了特殊邮件名作为条件，那么系统也会根据邮件主题自动归入固定的文件夹。

另外，如果您的收件箱堆积大量邮件，越来越不方便检索，则可以单独新建一个用来保存积压邮件的文件夹，把旧邮件统统搬过去。一般说来，我们可以把收到超过几个月且已经处理好的邮件移动到保存专用文件夹（文件夹最好用公历月份命名）。这样在您需要的时候可以随时确认。而且也可以在文件夹内使用检索功能检索邮件，这样又能省下不少时间了。只要不是毫无用处的垃圾邮件，其实都应该用这个方法进行保管。

自动归类功能可以有效防止您漏看重要邮件和忘记回信，请各位一定要去好好体验一下这个功能。

❗ POINT　每日资讯等不需要保管的邮件就直接删除吧！

/ 接收邮件 /

大量邮件不用愁，由新到旧有盼头

放了个假，回到单位，打开电脑就发现已经积压了大量邮件。相信这是很多朋友的真实经历。

如果要确认所有邮件，可能需要很长时间。这时，各位会用什么方法检查邮件呢？按照老传统，我们一般会按照顺序一封一封检查，先按照标题确定是否有必要打开这封邮件，当然我们也可以按照发件人来判断邮件的重要性。总之，方法很多很多。

不少朋友习惯按照由旧到新浏览每封邮件，但这样做的效率很低。最有效率的方法应该是从最新的一封邮件开始确认。

看到这里，有些朋友会感到疑惑：很多邮件如果不从之前的邮件往来内容开始浏览，很容易搞不清前因后果啊！这个方法的优势在于，通过新邮件，我们很快就能发现之前的邮件是否有订正、替换、变更的内容。

而且，按照商务礼仪，回复邮件的时候是不允许把之前往来邮件的内容删除掉的，因此只要您查阅最新邮件，就能掌握旧邮件是否曾经做过订正或修改。

因此我们完全没有必要浏览旧邮件。抄送邮件也是同样的道理，只要浏览最新邮件，就能掌握历史记录了。如果还是不放心，也可以由新到旧逐一浏览。

总之，一定要重视最新的邮件。

❗ POINT　回复邮件也要按照由新到旧的顺序哦！

邮件名里学问多，快速回复不翻车

在编辑邮件时，我们往往会以“关于 × ×”“× × 请求”和“× × 委托”为题。但我们也可以加上一个小标题，更明确地传达自己的意图。

如果您希望对方尽快回复，于是在文中表明了这个希望，但最后对方到底还是没能很快地给您回应。这很有可能是对方因为太忙，只是随便看了一眼您的邮件。因此即便您在文中直接写上“希望尽快给予答复”，对方还是可能看漏。

那么，怎样的邮件才能让对方主动尽快给您回复呢？

其实您应该在“邮件主题”里加上些表示紧急性和重要性的词。

不仅仅是需要对方尽早答复的情况，只要您有想要把某些事情传达给对方的意图，都可以在邮件主题的句首加上一些表示紧急性和重要性的词。这样就能让对方知道事态紧急了。

具体来说，您可以在文件主题中写上“紧急”“订正”“变更”“再发送”等字样，这可以提高邮件的辨识度。就算对方收到大量邮件，也能理解您发送的邮件的重要程度。有人习惯先看邮件主题，然后按照轻重缓急的顺序阅读正文，因此这个方法也能引起这部分人的重视。

重要的是，把关键词写在邮件主题的句首部分。如果写在句尾，可能就会被对方忽视掉，并且邮箱、软件不同，主题的句尾还有可能显示不全。

❗ POINT 乱用“紧急”“重要”是会被厌恶的哦！

/ 发送邮件 /

邮件要简略，一封一件事

有些朋友觉得，在一封邮件里，同时说明白几件事才算有效率。其实，这些人发邮件往往会造成信息的赘余。

如果一封邮件涉及的事件过多，可能到最后只能收到部分的回复。于是，我们只好再发一封邮件。不过到那时，我们可能已经弄不清哪件事已经解决，哪件事正在处理。而邮件内容过多就是导致这一失误的原因，同时这也会给双方都带来压力。

如果您和对方需要就好几项工作进行商谈，那么我建议您“一封只谈一件事”。虽然多发几封邮件会占用一些时间，却不会把几项工作搞混，而且您也很容易知道，哪件事还没得到答复、哪项工作已经完成。

如果您不得不在一封邮件里叙述多项工作，那最好逐条编辑。人们都不太愿意读长句，而更愿意阅读逐条短句，因为阅读短句不占时间，又方便理解内容。

逐条书写时，要决定每条信息的优先度。如果把最优先的事项写在最后一条，就很容易被看漏。具体方法请参考下面的内容：

· 发票已于今天发送。

希望您在收到货时的第一时间与我取得联系，感谢您对我工作的支持。

· 关于 ×× 项目，请于 11 月 8 日（周五）与我联系。

· 关于 11 月 18 日（周一）的会谈地点是否可以定在 ×× 路附近？

❗POINT　换行也有提示开始叙述另一件事的效果哦!

/文档/

文档吃灰超一年，还不赶紧说再见

很多人对电脑里日积月累的各种文档苦恼不已。如果不定期清理，电脑就会被大文件占满。而且在寻找重要文件的时候，废弃文档也会给我们造成不小的干扰。

这里给您提示一个清理文档的标准，那就是超过一年以上不使用或者超过保存期限的文档都可以清理掉。

如果您犹豫该不该清理掉某个文档，那么不妨新建一个“保留用”文件夹，专门用来暂时储存。有些朋友习惯用“回收站”保存暂时不需要的文档，但日后需要使用时就得花大把时间来搜寻。

另外，电脑的存储空间是有限的，文件太多运行速度必然变慢，影响工作。即便您把文件塞进“回收站”也是在占用存储空间。

还有很多朋友会在电脑桌面上放一大堆文档和文件夹。这会增加电脑启动时的负荷，延长开机时间。因此我希望您尽量减少留在桌面上的文档和文件夹。

整理文档的秘诀在于按照之前的日程安排，新建一个“暂存”文件夹，并设定一个文件清理日期。您可以参考您每天新建文件夹的数量，以一个月或者一个星期为期限，定期清理“暂存”文件夹里的文件。

! POINT　彻底没有用的文件可以直接删除哦！

/文档/

文件夹数最低线，方便查找是关键

文件夹分类明确，图标排列井然有序，这样的电脑桌面让人一看便觉得清爽。不过，给文件夹分类其实很耗时间。

但我们并不需要单纯使用电脑的“检索”功能给文件夹做详细分类。而要学会巧用检索功能，提高工作效率。Windows 系统支持使用“Ctrl+F”快捷键进行检索，请各位多多尝试。

我们可以把目前正在处理的文件全部移入“进行中”文件夹。比如您想寻找“山田商务”相关文件时，只要在搜索栏中键入“山田”即可找到您需要的内容。您只要这样检索，文件夹分类就很容易了。

而后，把已经完成的文件全部归入“已完成”文件夹。如果实在分不清是否做完，可以暂时移入“其他”文件夹内，这样同样能节省不少时间。

另外，文件夹内除了可以按“图标”显示，还支持显示“详细信息”。这样我们既能看到文件夹名称也能看到修改日期，这样就很容易找到我们需要的文件了。

顺带一提，邮件检索这方面做得最好的当属“Gmail”邮箱。只要在公司使用的邮件软件上设定自动转发，就能轻松查询以往的邮件了。

! POINT　更改排序方式功能也很好用哦！

/文档/

文件命名三大要素

在电脑上撰写文书的时候，对于文件夹的命名方法，每个人都有各自的风格。有的人习惯“只标注日期”，也有人习惯“简述文件内容”，千人千面各有不同，但在旁人眼里，这些命名方式可能会令人费解。

尤其是共享文件夹，很多情况下，光凭文件夹名称是无法区分文件的制作日期、新版旧版等信息。

为了方便管理，推荐您用“日期 + 文件名 + 制作者”的格式进行命名。比如 A 在 2019 年 11 月 10 日制作了 B 公司的合同，那就可以把文件夹命名为“20191110 B 公司 合同 A”。

这样给文件夹命名，就便于我们在今后查找的时候，知道其中包含什么文件以及制作者是谁了。当然不仅是制作者本人，其他人看到之后也可以根据文件夹名称判断文件类型，因此如果处理的是共享文件，那么这个方法也是十分便利的。

文件夹命名最重要的是加入日期。加上日期后，我们就可以让文件夹按照时间顺序排列，这同样能方便我们随后搜寻文件。

其实在编写文件夹名称时，我们也可以用“版本名”代替“制作者姓名”。此时如果有最新版文件，就要在之前版本的文件名后追加“旧版”二字。

❗ POINT　文件夹的命名规则不要随意改变哦！

/文档/

“自动排列”，让您的桌面更整洁

工作繁忙的人，电脑用久了就会堆积许多文件夹和文档。如果直接把它们留在桌面，那桌面很快就会被一堆图标填满。这必然会减慢您搜寻所需文件的速度，导致您工作效率严重下滑。下面教您一个轻松整理电脑桌面的方法。

首先，当然是把不需要的文件夹和文档统统删除，这个方法在上节中也谈到过。

之后我们可以使用“自动排列”和“自动对齐”，让桌面上的图标变得整齐。此时图标会从桌面左上角开始按照规律进行排列。到了这步，我们最基本的清理工作已经完成。如果只留下几个图标，那么桌面立刻就会变得清爽了。

并且，有些人习惯按照自己的方法整理桌面，他们一般不愿意使用“自动排列”功能，而是按照图标的关联，结合自己的使用习惯排列图标。

比如左上角全是企划案、左下角全是客户相关文件，右上角全是自己工作需要用到的软件和文件夹，右下角则是需要使用到的资料。这样从视觉上看，用于达成不同目的的图标恰好在不同位置排列。

另外，考虑到桌面整体观感，最好配合一些构图简洁的壁纸。总之，整理桌面的最基本方法就是合理安排图标位置，以便您可以立即访问所需的数据和文件。

❗ POINT　图标大小也可以改变哦！

/ 电子文书 /

电子文书的利与弊

在文书整理方法的部分，我给各位介绍了文书的数字化（无纸化）。

但电子版文书其实有利有弊。因此我们应该掌握好这方面的相关知识。

在这一节中，我们就来探讨一下电子文书的利与弊。请您结合您个人的想法，判断是否需要使用电子版文书。

优势：

① 网络储存，可以共享；

② 不需要储存和管理的空间；

③ 可以复制，不会和纸质版一样老化；

④ 发送很容易；

⑤ 方便改正内容。

弊端：

① 停电或电池用尽时不能使用；

② 没有显示设备时不能使用；

③ 必须打开文件；

④ 一旦泄露，永久存档；

⑤ 版本不同可能打开失败。

这里仅列出了它的部分优缺点。电子版文书一旦分享、传播后就会永久被对方保留，这是它的危险性之一。总之，希望您在考虑清楚到底是否需要电子版、使用电子版会不会造成问题之后再决定是否使用。

❗ POINT　可以用密码保护电子版文书哦！

/ 电子文书 /

把文档归纳到一张 A4 纸内

为一项工作编辑文档时，应该尽量将内容浓缩在一张A4 纸以内。如果做成好几张纸，反而不方便掌握要点，难以传达重要意图。

另外，一张文书的大小最好也保持在 A4 规格。我在第一章也做出过相关说明，商务活动中最常使用的纸质资料也都是 A4 规格的，因此这个规格的文件最便于整理。

如果您不擅长把内容归纳进一张纸，那么下面的几点建议一定会给您启示：

① 调整纸面留白；

② 改变字体（字体种类和字码）；

③ 调整行间距；

④ 西文字体和数字使用半角输入；

⑤ 行文要尽量简洁。

特别是前三点，如果是内容刚好超过一点点，只要稍微做出调整，就能成功收缩。另外，第五点对于阅读文件的人来说特别重要，因为行文简洁才能方便理解。

减少留白、调整行间距和字体，这些小小的努力都能帮您把内容压缩进一张纸。同时这些方法还有别的好处，比如减少使用纸张、电力资源，节省储存空间，方便日后查找等。

! POINT　制作文件时多想想看文件的人！

/ 制作文书 /

印刷前考虑使用方法和留白

很多人本想把电脑里的文件黑白打印，但最后却选成了彩印，而且页数越多损失也就越大。很多公司也十分注意这个问题。此外也不应该使用过大的纸打印文件，这也是节约公司成本必须考虑的内容。

我们一定要注意，不要浪费纸张和油墨，在打印前一定要确认好彩印、黑白、一张、两张等打印信息。

打印前也一定要先预览打印效果，同时我也建议各位多多关注留白。

比如有些文件需要用打孔活页夹装订，那么就一定要安排好用来打孔装订的留白。一般活页夹都采用左翻页，因此在打印排版时，要把文章内容或数据稍微右移，让纸面左侧留出空白。

另外，如果还有追加事项的可能，请在纸面上留出空白部分用于记录。这里要注意根据惯用手将留白部分左右调整：惯用右手，右侧留白；惯用左手，左侧留白。

相反，如果是用于确认数据或作为资料现场分发的印刷品，就应该尽量缩小留白，从而减少纸张使用量。

总之，只有随机应变才能减少资源浪费，只有善于观察，工作才能得心应手。

❗ POINT　要根据用途选择打印样式哦！

/ 快捷键 /

牢记方便组合键

电脑操作有很多方便实用的快捷键。如果您能记住并能经常使用这些快捷键，就能大幅缩短工作时间。

下面介绍几个比较有代表性的快捷键。比如“Ctrl + C”可以复制文字，“Ctrl + V”可以粘贴文字。

当然还有很多其他的快捷键，您记得越多，工作效率也就越高。您也可以根据自己常用的功能，选择记忆您需要使用的快捷键。

Ctrl + C → 复制

Ctrl + X → 剪切

Ctrl + V → 粘贴

Ctrl + Y → 恢复上一步操作

快捷键	功能
Ctrl + A	全选
Ctrl + Esc	显示“开始”菜单
Ctrl + Z	撤销
Ctrl + D	将所选项目移至回收站
Ctrl + F4	关闭当前标签
Alt + Esc	切换打开顺序
Alt + Enter	打开属性
shift + Del	直接删除
Windows + D	切换显示 / 不显示
Windows + L	锁定电脑
Alt + Tab	切换窗口
F2	变更名称
F5	刷新
F6	循环切换屏幕元素
Alt + F4	关闭当前窗口

以上为 win10 系统的快捷键，其他操作系统及软件的快捷键可能不通用。

! POINT　多多练习才能形成习惯哦！

/ 快捷图标 /

简简单单点双击，目标文件随手来

需要频繁操作文档和软件的时候，使用快捷方式可以让您的工作更轻松。

这里的快捷方式并不是上一节所说的“快捷键”，而是一种能快速跳转至特定软件或文档的功能。比如您想打开文件夹“D”，通常要经过 A → B → C 的步骤，而使用快捷方式就可以直接跳转至文件夹 D。这个方法同样能轻松提高您的工作效率。

Win10 系统制作快捷方式的一般操作是，先右键单击所选文件夹或软件，随后在弹出的菜单中选择“发送到桌面快捷方式”，此时您新建的快捷方式就会出现在桌面上，您可以将它拖动到任何位置。另外，如果需要给 Win10 程序（各种软件）创建快捷方式，可以在“开始菜单”中寻找所需目标软件图标，并将其拖曳至桌面。

快捷方式创建完成后您也可以改变它的名称哦！右键单击，选择重命名，系统默认一般为“× × 快捷方式”，而我们可以把“快捷方式”字样删除，从而提升观感。快捷方式的特征是图标左下角带箭头，只要是擅长使用电脑的人，对它都很熟悉，希望各位多学多用。

❗POINT 删除快捷方式不会同时删除程序本身哦!

/ 网络搜索 /

高效检索妙招

很多人习惯用网络搜索查询资料。网络搜索方便快捷，只要输入关键词，就会弹出成百上千个网页为您排忧解难。但如果没有正确的检索方法，反而会花费大量时间。为了让各位不要虚耗宝贵的时间，我将给您介绍一些关于信息检索的好方法。

在搜索引擎中输入两个以上关键词的时候，许多人习惯在两个词之间加入空格，例如“英语 提高方法”。其实这种检索方法叫作“AND 检索”，可以显示两个以上关键词的所有检索结果。

如果您希望检索结果只要求与若干个关键词中的一个有关系即可，那您可以使用“OR 检索”，但这种检索方式却很少有人用。搜索引擎不同，操作方法也不相同，如果您使用的是“谷歌浏览器”，则可以在文字和文字之间输入“OR”（半角大写），这样的检索结果就包含了和若干关键词中的一个相关的部分，以及和若干个关键词都相关的部分。

电脑高手还会在关键词间输入“ -”（空格+“-” ），使用“NO 检索”逻辑进行检索。比如输入“副业 - 股票投资 - YouTuber”，则可检索含有“副业”的网站，但不会显示带有“股票投资”和“YouTuber”的网站。

关于信息检索的技巧其实还有很多，请各位在实际检索的过程中积极尝试。或者您也可以试试直接搜索“检索技巧”哦！

! POINT　快查查您常用的搜索引擎的使用技巧吧！

/ 电子工具 /

便捷的电子日程表

电子工具的发展可谓日新月异，商务活动的方方面面也都少不了要使用电子工具。有能力的商务人士懂得利用电子工具提高自己工作的效率和质量。

电子工具的优势在于“连通性”和“可检索性”。通过对云端数据的管理，软件之间可以轻松实现信息互传。

手机、平板、笔记本，不同终端的数据可以共享，用户可以轻松实现编辑和阅览。并且不论是在公司内还是在外派地，都能随时调用，十分便捷。

另外，电子工具还能迅速帮您搜索到需要的数据、文件和日程安排，这自然比纸质版更有效率，对您的工作也更有帮助。

这里推荐您使用以下两个工具：日程管理工具“谷歌日

历”、任务管理工具“Todoist”。

“谷歌日历”适合管理长期日程安排。每个提醒类别都使用不同颜色标记，让您对您的日程安排了如指掌。比如在固定时间举办的例会可以设定为“红色”，完成资料等时间比较灵活的日程提醒则标注为“蓝色”，这样在您调整日程安排的时候也能有章可循。

“Todoist”适合用于管理当天内的日程安排。这个软件的特点是可以和“谷歌日历”共享数据。它还支持预测每项任务的所需时间，合理为各项工作分配时间，从而为您创建一个高效化的日程安排。

! POINT　公司使用统一工具便利加倍哦！

/ 在线存储 /

在线存储，调用资料随时随地

以前，我们调用数据的时候，一般需要在自己的电脑里保存并调用数据。但最近很多人习惯把数据保存在网上，到了派遣地再使用其他电脑调取网络资源。

这个功能用术语说就是“在线存储”。只要有完善的网络环境，不论您身在何方，都可以随时调取数据。如果共享密码，甚至可以允许他人调取数据。比较有代表性的在线存储工具包括“Dropbox”“谷歌 Drive”“Evernote”等。我们可以根据它们不同的特点，结合不同场景、功能选择使用合适的存储工具。

虽然在线存储功能可以为我们提供便利，但在使用上仍有不少需要注意的问题。

首先出于个人隐私考虑，我不推荐把含有客户个人信息的文件上传至云端保存。如前文所述，如您的在线存储工具是和别人共享的，那么存储在云端的个人信息被泄露的风险就会相当高。另外，虽然在线存储容量巨大，但随意存储资料，空间早晚都会被占满。到那时，再想找到需要的文件就很难了。

今后，远程办公必然普及，而在线存储也会被人们普遍接受。因此，如果您现在还没尝试过在线存储，那就应该趁早熟悉它的操作，这才是明智之举。

❗ POINT　和团队、同事共享资源，工作才会更顺畅哦！

/备份/

以防万一，备份必须

我们的电脑里总有一些工作中必不可少的数据，比如重要资料和客户联络方式。但是，一次硬盘故障足以破坏所有资料。所以，我推荐您随时准备给数据做备份。

比如，您可以先备份文件和文件夹，再将其移动至蓝光光碟等存储设备，或上传至在线存储工具中。根据软件的不同，有的软件在备份邮件时支持“导出文件”这一功能。

您可能不知道，其实浏览器的“收藏夹”也是可以备份的。具体备份方法根据浏览器的不同而变化，因此请您了解自己惯用浏览器的具体备份方式吧！

另外，我们也可以将整个硬盘全部备份一遍。近来，很多电脑都具备了备份硬盘的功能，即便您想要将硬盘备份到互不兼容的系统里，也可以通过专门的备份软件实现。这种软件的优势在于，它可以保存您电脑里的各项设置，您保存的不只是数据还有您电脑上的所有设定。

有些系统支持自动备份，我们可以让电脑在设定好的时间替我们备份，请您一定要尝试一下这个功能哦！

POINT 也可以用移动硬盘和 U 盘储存哦！

/ 系统维护 /

整理电脑内存，随时高速运行

您是不是发现，您的电脑越用越卡？虽然外观并不会有什么变化，但随着数据更新、旧文件积存，电脑的容量会越来越少，运行速度也随之越来越慢。因此您需要定期维护您的电脑，让它保持在一个稳定的运行环境。

下面介绍一下 Win10 系统下，硬盘剩余容量的查询方法和清理对策。首先点击开始菜单中的“齿轮”图标。在“Windows 设定”下点击“系统”选项。随后点击左侧菜单栏的“存储”，此时则会显示本地存储（硬盘）“已使用 / 可用”的比例。这样您就可以确认硬盘的使用情况了。

如果可用容量低于总容量的 30%，则需要使用“磁盘清理”功能，扩大存储量。此时应先点击任务栏中的“资源管理器”图标，然后依次点击“此电脑”→“本地磁盘（C：）”。

随后，左上方会出现“清理”选项。点击“清理”后，检查想要清理的文件，随后点击“OK”即开始磁盘清理。

下面介绍如何处理电脑里的各种应用。我们的电脑里其实会有很多下载之后却不太使用的软件。只要删除这些垃圾软件，就能大大减轻电脑的负担。依次点击“控制面板”“卸载程序”。随后选择不需要的程序将之删除。

注意，其中涉及的项目名称根据操作系统的不同而稍有差异。

❗ POINT　把定期维护也纳入工作日程吧！

第4章

“写”出工作效率

新消息、金点子
统统“写”进笔记里
汇成财富属于你

/记录/

记录做得好，与众不同是关键

各位读者朋友，当您对某事存在疑惑的时候，会不会特意做个记录呢？您会不会还没来得及解答自己的疑惑，就已经把这件事忘掉了呢？

为了提醒自己不要忘掉重要的事，您最好把它们落实在笔记上。您只要简单地记上一笔，随后再去仔细查证，这必然能增加您的知识储备。

商务人士几乎天天都离不开笔记。做笔记也是走入社会的我们的一门必修课。不论是会议还是商务洽谈，或者是领导约谈、工作指示，凡是商务活动，大多都离不开笔记。但在我们的实际工作中，人与人做笔记的水平却有着很大的差距。

我们应该养成这种习惯：随时记录感兴趣的新闻和脑子

里的好点子，同时记录日期和信息源。记录之后，就要顺着自己的思路开始头脑风暴，让脑子里冒出一个又一个金点子。有创造力、博闻强识的人都十分擅长做记录。

这些记录都能作为日后的谈资，甚至能给自己总结出一本“谈资手册”。带上这么一本手册，哪怕是第一次见面，也能和对方天南海北侃侃而谈了！

做笔记的要点是尽量选择积极话题。很多朋友总是会把工作中的不顺心或者被领导训斥的经历以及工作反思之类的消极话题写进笔记，但您的笔记里如果都是这些东西，您哪还有什么进取心呢？您需要从笔记中找到新的动力，所以应该多多记录积极内容，让您能知道“下一步该怎么走”。只有这样，您在工作中才能积极向上。

! POINT　记录无意间的灵感，日后必有大用哦！

/记录/

一张 A4 纸，足够做记录

我推荐各位用一张 A4 纸记录一天的所有工作内容。如果您习惯使用笔记本和贴士做记录，可能对我的方法抱有遗憾，但只要您尝试一下，就能感受到它的便利。

我们需要的仅仅只有一张 A4 纸。甚至我们可以重复利用一张纸的反面。我们可以把每天电话中的沟通内容或自己的新思路等各种信息都记录在一张 A4 纸里。

如果您使用的是若干张笔记纸，最后都会变成垃圾，而且很有可能忘记写了什么。如果能把记录浓缩进一张纸，就能最大限度地规避这种风险，这也是我推荐这种方法的最大原因。同时，一张纸也便于携带，您既可以把它夹在笔记本里，也可以放在衬衫或马甲口袋里。

如果完成了例如带话、编辑文件等任务之后，我们可以在原有记录上画一条斜线或者打一个对号表示已经完成。如果您有关于上一件事的备忘录，例如约会时间表，请将其复制到笔记本或计算机上。这样，您就能对是否有事情尚未处理了如指掌了。

每天结束工作之前，不要忘记把这张纸扫描转换成电子版。这样做能保证您以后需要查看的时候还能有章可循，而且也不会占用收纳空间。

还要记住，一旦转换成电子版之后，就要把原稿处理掉。把这套流程当成自己的习惯，这样就能节省您整理物品的时间，同时也能减少您手头不必要的物品。

! POINT　记录如果涉密，就一定要放进碎纸机哦！

/记录/

“不用写”的记录

说到记录，我们总会联想到纸张，但记录不仅限于纸面记录。只要我们肯下点功夫、想想办法，总能发现更轻松的记录方式。

比如我们可以留一张准备作为下次会客地点的餐馆的宣传单，或者剪下几块感兴趣的报纸杂志上的“豆腐块”，然后把这些纸面信息直接贴在笔记本上。如果页面太大，就可以先缩印，再对折一下，就很容易贴在笔记本上了。

近来很多朋友习惯用手机做笔记，不论是公司会议时的白板还是出外学习考察时的场景，随手一拍就能记录下来。拍照同样适合记录那些难以用语言和文字表达的，例如商品形状、现场情况等内容。和文字相比，拍照只需要一瞬间就能完成，这大大缩短了记录时间。

当代大学生，习惯用照片的形式记录老师的板书。这也是一种迅速且准确记录的有效手段。

对于会议等发言内容的记录，我建议大家使用录音笔。因为这种方法能让我们准确记录对方说话的内容，便于我们随后反复重听。最重要的是，录音能让人身临其境地听取记录下的发言内容。

在黑暗的环境下或者双手被占的时候，如果能记录下自己的声音，那该有多方便啊！没有录音笔？那也没关系，现在的手机都支持录音功能（包括很多软件），我们完全可以用手机代替录音笔。

手写记录难免造成舛错，我们应该结合实际状况随机应变地选择记录方式。

! POINT　用手机做记录在商务圈已经很普遍了哦!

/记录/

邮件有草稿，正好当记录

各位朋友或许还不知道，其实网络邮箱附带的草稿功能也是一种极为便利的无纸化记录方式。几乎所有网络邮箱都有草稿功能，如果是手机版，则完全可以单手操作。

读到这里，有些读者朋友肯定会觉得，完全没有必要使用手机版邮箱，直接用手机自带的笔记功能不就好了？是的，如果只是做记录，我完全认可您的做法。但要知道，使用草稿功能的优势在于您可以完全不受设备限制。

近来，很多人习惯同时管理手机和电脑上的邮箱。使用邮箱的草稿功能，不论您在单位还是在家，不论是用电脑还是用手机，我们都能随时确认。另外，如果有人恰巧需要查看我们的记录内容，我们也能用邮件直接发送给对方。

顺带一提，我最推荐的邮箱仍然是“Gmail”。首先这个邮箱完全免费，容量足够大，使用又十分方便。如果您现在还没有 Gmail 邮箱，我推荐您申请一个。

邮箱是电子工具中使用频率较高的一类。除了查询邮件之外，我们还可以用它做笔记。因此即便作为笔记工具，它同样可以大显身手。但归根结底，总会有些朋友觉得“做笔记好麻烦”，这种想法才是他们不做笔记的原因。

❗ POINT　不论是在家，还是在单位，登录邮箱一步到位！

/记录/

养成保存、整理和查阅笔记的习惯

做好笔记、贴上贴士，您就满足了吗？然后就随手一放，弃之不理了吗？笔记是用来日后查看的，因此只写不查就完全没有意义了。为了有效利用笔记，我们要养成定期查阅的习惯。

因此保存、整理笔记相当重要。

首先，保存的第一步是判断笔记的属性是“暂存”，还是“长期保存”。前者中比较有代表性的是“任务单”或紧急事务笔记。只要任务没完成，就自然要反复确认，过期之后可以随时丢弃。后者包括备忘录和您的灵感记录，比起暂存笔记，您可能不会太频繁地查阅，但早晚有一天您会用上。因此，这部分笔记需要长期保存，千万不能丢弃。

其次，为了随时能够查阅到您需要的笔记内容，我们还要养成管理笔记的习惯。如果笔记里还有一些已经不需要保存的内容，那么重要的内容反而会被掩盖，笔记就会变得更不容易检索了。这会导致您的工作效率不断下降。

关键在于要每隔一周或一个月，重新检查一遍笔记。我们可以利用这个周期，丢弃一些已经准备处理但忘记丢弃掉的，例如“任务表”之类的笔记。对于“长期保存”的笔记，我们可以留待日后反复查看，而您的“金点子”则可以为您今后编辑企划案提供启发。

! POINT　每周或每月，固定周期整理笔记！

/ 笔记本 /

笔记本使用原则：切忌完美主义

记笔记最重要的是保持习惯不要停。这样您才能慢慢地积累知识和信息。但这并不表示您可以无所用心随意记录。

下面，我就来给您介绍关于如何高效使用笔记本的几点原则。之所以我们要按照原则记笔记，为的就是保证我们不会忽略工作的重点并减少工作中的失误。

使用笔记本最基本的原则是笔记顺序要和时间轴统一。有些朋友为了让笔记容易查询，绞尽脑汁儿地给笔记做了内容分类，但真到了记笔记的时候反而要花时间考虑笔记内容属于哪个门类。而按照时间轴记笔记的优势在于，当您需要回头查询的时候，也能很快地找到内容所在位置。

下面还要讲一个重点：在记录内容前，需要先写好基本信息和日期、分类、标题。同时，在项目变更的时候，要在内容后画一条区分线，随后才能开始写下一条记录。这样两件事泾渭分明，十分方便检索。

写完一本笔记本后，要在封面上记录使用时间。这样做可以节省您用于寻找笔记本的时间。

记笔记绝对不能求全责备。如果急于求成，反而容易遭遇失败。对于记笔记这件事，您不应该过度纠结。要记住，记笔记这件事，“坚持才是能力的体现”。

❗ POINT　写得再好看，也不如长期坚持哦！

/ 笔记本 /

简单检索：日期 · 类别 · 主题

笔记本一定要便于检索，否则即便坚持记录，也可能搞不清楚记录内容的具体位置。所以笔记本价值的最大化在于让它的体量刚好够我们查找需要的信息。

想让检索更简单，巧用索引是关键。一般说来，您可以按我上一节介绍的方法，给每份记录加上日期、类别、主题。而索引只要按照这 3 个条目制作即可。

下面我们讲讲每个条目的具体注意事项：

日期最好统一成 8 位数，即公立 4 位年份 + 2 位月份 + 2 位日期。比如 2020 年 10 月 12 日，则可以记为“20201012”。公历纪年各国通用，这也是我建议您使用这种方法的原因之一。

类别可以分成 10 到 20 种。比如，“企划”“资料”“会议”“洽谈”等。这种分类方法很容易区分记录内容。但如果类别区分做得太过详细，反而会影响您检索的速度，因此一定要注意适度。

主题最好浓缩精简至一行内。具体来说，就是加上一些关键词能让我们以后更容易查询。

我们最理想的状态是用电脑管理和记录笔记索引。因此在没导入电脑之前，我们就应该带着这个终极目标去记笔记。

! POINT “标注”注重统一性才能更方便检索哦！

/ 笔记本 /

换行＋留白，笔记巧安排

如果一本笔记上的字挤作一团，就会变得相当难以辨识。特别是有些男同胞们，字迹不够工整，到最后连自己都懒得看自己的笔记。

如果想要改善这种情况，建议您合理使用换行和留白。只要稍微努力一点，您笔记的观感便会有一个质的飞跃。还不赶快试试！笔记本不同于便条，它的页面很大。如果您记录完成后还有可能需要补充内容，那么推荐您一开始就写得宽松些，这样就方便加上备注和补充内容了。

那么下面就给您介绍一下什么样的笔记才方便您日后补充内容吧！

首先，我们可以在笔记本右侧 6 厘米左右画一条竖线，这相当于预先留白。这个部分其实就是“笔记本上的备注栏”。

如果您在书写内容时遇到了问题或值得关注的点，就可以在这里标注。这样既方便您日后回看，也能让笔记内容清晰、有条理。

其次，要给自己设定一个规则，即一页只写一件事，这样的笔记才足够便捷。如果您随后需要添加内容，完全可以使用这页纸剩下的空白部分继续添加，而且书写空间绝对有保障。

如果要追加或修正笔记内容，则有必要添加备注。备注内容本身就是为了简化文章内容，降低理解难度的，因此字数最好控制在 40 字左右。其实，工作越顺畅的人，他们的行文就越简洁。

❗ POINT　认真心细，巧妙使用留白记笔记吧！

/笔记本/

注意5W2H，凝练笔记要点

不擅长做笔记的人通常会犯一个错误，那就是不管什么内容都一股脑儿地记录在笔记本上。但若是什么都想记，到头来反而会把真正重要的内容忽略掉。

对于这样的朋友，我建议他们先学会“5W2H”。虽然很多朋友都知道，“5W2H”是一项常规商务技能，但你们可能不知道，它也能指导您如何做笔记。

首先，我来逐条解释一下：

Why——为什么（目的）；

What——做什么（具体内容）；

Who——谁（负责人、相关人员）；

Where——在哪儿（地点）；

When——什么时候（时间）；

How——怎么做（方法）；

How much——多少钱（预算、细目）。

在做笔记的时候，我们应该时时留意这些要点。我们要准确地记录这些要点，而不是通过臆测，去记录不正确、不符合事实的内容。如果您在工作中发现“5W2H”中还有不明确的地方，那么一定要及时确认。

除了笔记以外，这种方法也可以应用于报告书的撰写。

❗ POINT　要同时掌握多项商务技能哦！

/ 笔记本 /

笔记“胃口”真不小，囊括记录和资料

各位是否有过这种经历：您把洽谈时所做的一页记录夹在笔记本里，但不知道什么时候就散落了。

如果不在工位周围，也不在抽屉里，就连自己的包里也找不到，那后果真是不堪设想。虽然我们也可以将记录输入电脑，或者问问同事有没有做相关记录，但总有一些内容只有一部分人才知道，因此除了回忆之外，别无他法。

这时，我们的解决方案一般是把便条或者资料放进文件袋保管，但我还是建议您用笔记本保存便条。

笔记本里记录好一件事后，可以把下一页从右侧开始沿斜线剪开。剪掉上半部分后，把下半部分的外沿涂上胶水并粘在下一页上。

这样您就做成了一个手工小口袋。我们可以把和记录事件相关的便条和资料都放进来进行保存。

这种方法能有效降低便条散落丢失的风险。并且，加上小口袋的那一页会显得比较厚实，因此也很容易找到收纳便条的位置。

❗ POINT　打造专属笔记本，实现各种新用途！

/ 记事本 /

记事本的“目的达成”和“记录”

目前类似手机、平板等移动终端也开始在商务活动中大显身手，但我们用得最顺手的还是记事本，它的地位永远不能撼动。记事本的优势在于时效性，“翻开一页，内容一目了然”。

虽然在职场打拼的打工人几乎人手一本记事本，但真正能把记事本用明白的人实在不多。那么我们到底应该怎么做呢？重点在于要明白记事本的“用法”。这样就能提高我们的工作效率了。

这里我建议使用记事本设定“达成目的”和做“记录”。

比如，为了不漏掉重要工作任务，我们可以用记事本记录“任务表”和“日程表”。这两个表是我们决定当天活动必不可少的参照。

如果是将记事本用作“记录”，则可以记录一些当日信息、新闻，或者记录一些备忘事件。这样一来，只要翻开这页，就能知道您一整天所需的信息，并能轻松地检查您当天的工作进度了。

上面提到的这些条目，您并不能在自己的电子设备上设定。并且使用电子设备并不能达到“抬眼一看，便知一日安排”的效果，这样会让您在决定下一步行动的时候浪费更多时间。我们要学会把记事本变成自己的专属道具，因为它能帮您提高工作的效率。

❗ POINT　记事本天天用，所以要选一本中意的哦！

/ 记事本 /

3 条准则帮您快速理清思路

为了最大限度地利用记事本，我们需要一定的准则。这里为您介绍其中的 3 条准则：

① 一旦有新安排就马上记录；

② 重要的事情要尽快记录；

③ 记事本常放手边，方便随时确认日程安排。

遵守这些准则，我们就能确认目标的完成状况，同时也能帮助我们迅速决策下一步的行动。

记事本和手机不同，我们的书写空间是有物理性限制的。不过，这并不是记事本的缺点。相反，正因为空间有限，我们才能锻炼出略略几笔就能记录重要事件，以及在工作过程中能逐步梳理信息的能力。正因为我们需要有“书写”的步骤，所以才能更好地掌握需要处理的事件，这就是记事本的优势。

由于我们使用记事本的目的仅仅是方便我们一目了然地获取信息，因此详细信息还是应该记录在电脑上。记事本其实只能给我们提示信息，如果仅把它作为一种索引，或许更能方便我们理解。

如果是电话或地址等信息，最好可以记录进手机，毕竟记事本的用途其实是十分有限的。记事本只应该记录我们必须完成的任务，或者重要的日程安排。

❗ POINT　记事本和电脑的功能要区分开来哦！

/ 记事本 /

分色 + 便笺，记事本好方便

如果我们对工作的态度十分被动，那么不仅不能提高业绩，工作效率也会大幅下降。到最后，我们对工作的热情也会逐渐熄灭，这自然是我们不愿看到的。因此，我们需要主动控制自己，鼓足干劲、力争上游、提高效率。

记事本是商务人士必不可少的“得力助手”，我们可以用它来记录工作目标、会议内容等。当然，记事本也能在日程管理、任务管理方面发挥巨大作用。

为了能最大限度地发挥记事本的特长，我建议您使用分色和便笺。

比如，我们在记事本里标记工作任务时，可以根据任务优先度变换字体颜色。这样您就可以迅速了解哪项任务比较紧迫，从而调整自己的日程安排了。类似客户信息、工作内容以及您的私事，都可以用不同颜色记录，这能让您一目了然地区分事件类别。

便贴纸由于方便粘贴和撕取，我们可以利用这一特征为我们的工作提供便利。比如，您可以将暂未确定下来的洽谈写在便贴纸上，再贴在记事本上，如果之后涉及变更日程安排，您就可以再把它撕下来重新调整顺序。

另外，类似传话内容、写材料之类的简单工作，您可以按照“一事一页”的标准，分别记录在便贴纸上，形成一个任务清单，这同样是一个行之有效的方法。如果您利用闲暇时间处理好其中一件事，就可以直接把这张便贴纸撕下来扔掉了。总之，这种方法能让您随时把握工作进度。

! POINT　思考一下如何结合实际工作任务做好信息管理吧！

/ 记事本 /

记号 + 简化，便条本真清晰

其实只要使用一点记笔记的技巧，就能让我们的便条本变得更加清晰且更方便使用。

为了提高书写速度，让内容更容易把握，在书写时，我们可以使用诸如标记、省略、荧光笔等方法。这里给大家 3 个小提示：

① 使用记号；

② 荧光笔标注，引人注目；

③ 使用简化字。

①：时间段和时间点可以用“箭头”表示。着重部分可以在关键词前添加■和★等记号作为标注。添加记号会使文字显得十分醒目，笔记也会显得规整。

②：根据“从业人员”“设计师”“作者”等身份，按照不同颜色给客户做标注。您自己也可以按照“会议”“研讨”和“常规业务”区分会面内容，这样您就能掌握自己的工作行为模式了。

③：学会使用简写，把会议记作“MTG”、外勤后直接回家记作“NR”、项目记作“PJT”、会面记作“AP”等。

如果有些内容不方便被旁人看到，我们也可以使用代号。例如用“C”表示投诉方，用“D”表示重要约会等。学会使用简写，即便笔记被人看到也不会令您颜面扫地，更不会造成不必要的麻烦。

❗ POINT　尝试发明专属代号，能提高记笔记效率哦！

/ 记事本 /

巧用记事本的通信录

现在几乎所有人都习惯把地址和客户的联系方式记录在手机里，因此很少有人会使用记事本附带的通信录。但如果就这么空着，总有些浪费。下面就教大家一些有效利用通信录的好方法。

一般的通信录都会按照字母顺序排序。我们可以利用这一特性，来记录自己的书单或者中意的餐馆。除了用来记录日常信息之外，我们也可以利用它的特点制作索引，提高我们搜寻信息的效率。

比如我们把通信录当作书单使用时，可以在姓名一栏记录书名，电话号码一栏记录作者，地址一栏记录读书感想等。随着书单越来越丰富，我们的成就感也越来越强。

如果我们把通信录用来记录中意的餐馆，我们除了可以手写记录外，还可以直接把这家餐馆的宣传卡贴上，这样会使得效率变得更高。这里推荐您按照中餐、西餐、日料等分类粘贴。不论是聚餐还是自己一个人享受美食，它都能为您带来便利。

另外，通信录还能用作备忘录。我们可以把从电视、广播或杂志上了解到的想去打卡的观光地或是想要入手的宝贝都做成心愿单。同时也可以用通信录制作自己的周末计划。

记事本的记录空间其实很有限。但只要我们能巧妙利用通信录之类的边边角角，就能减少浪费，最大限度地“榨干”记事本的使用价值。

POINT　做个美食心愿单满足满足自己吧！

/ 记事本 /

上班前，到位后，下班前——检查记事本的好时机

您有没有过这种经历：把日程安排写进记事本便感到十分满足，但之后却没按照日程安排开展工作。其实查阅记事本的最佳时机应该是上班前、到工位之前和下班之前。我们在检查目标任务执行阶段的同时，还可以检查工作进展情况并整理接下来需要完成的任务。我们可以利用每次检查的机会，来调整自己的工作方法和工作方向。

即便是因工作繁忙而没有闲暇时间的朋友，也可以养成利用碎片化时间和路途中的间隙来检查记事本的习惯。这样您就可以记住近期的日程安排，同时也不会错过工作的最后期限了。

另外，我还建议您回看您的旧记事本。这样您就能知道

自己做哪方面工作最耗费时间，以及哪些工作最为顺利，从而了解自己工作的方式方法。比如原先需要写 3 天的企划书，现在不到 1 天就能完成。检查旧记录有助于提高您的工作积极性，见证自己的成长。

为了掌握自己的工作模式，除了在记事本里记录日程安排外，还要准确记录工作完成的时间。之后在您回看记事本的时候就能掌握您自己的强项和弱项了。

“整理任务”“确认日程”“安排工作”，小小一本记事本都能为您实现。从今天开始，养成检查记事本的好习惯吧！

! POINT　用完的记事本也不能扔哦！

第5章

整理"思考"，必出成就

任务在手不蛮干
整理思路要在先
效率提升工作顺

/ 日程表 /

能人爱打提前量

您会按照一定的计划推进工作吗？还是漫无目的地当一天和尚撞一天钟？如果您已经具备了一定的工作经验倒也无妨，但如果从您的第一份工作开始就有这种态度，那么接下来您所要面对的必然是各种工作失误，要么是耽误工期，要么是工作做到一半就要推倒重来。

开始工作前，最重要的就是设立计划，把握全局。比如您需要 2 天之内完成一份企划案，首先就要考虑需要搜集哪一个时间段的信息、撰写企划案大概需要花多长时间等问题，这既包括工作时间也包括需要采取的行动。

如果您的计划是第一天用来搜集相关信息，第二天利用上午的时间撰写公文，下午提交。那么您的日程安排就应该是：第一天上午走出办公室去搜集信息，下午利用互联网扩大范围地搜集信息；第二天要整理搜集到的信息，完成企划案并提交。以上便是一个很适合您参考的范例。

其实您可以先做一个粗略的日程安排。决定了大致的行动和时间安排之后，您就能有效防止一件事耽误太长时间了。

另外，订立计划也有助于提醒您不要耽误工作进度，您每次订立计划时都要考虑如何提高当前工作的速度、如何保证工作不延期，然后才可以展开具体行动。

总之，您要充分考虑到每项工作的优先度以及所需时间，打好提前量有助于您更顺畅、更高效地工作。

❗ POINT　日程安排要打好提前量哦！

/ 日程表 /

打造张弛有度的日程表

工作中难免遇到突发情况和困难。因此我们在安排日程的时候一定要有个“以防万一”的心理准备，不要把日程安排得太满，这一点相当重要。

如果您的日程安排太满，一旦遇到突发事件，您随后的日程安排势必会被打乱。最坏的结果是会错过商务洽谈的时间，或者延误工期。

为了保证如期完成工作，我们需要给商务洽谈和各种工作任务设定一个“预备时间”。比如一项工作要在路上花30分钟，您最好在前后各预留10分钟的准备时间，不论会议延长还是工作耗时增加，您都能轻松应对了。

另外，还有一个好办法，那就是把预计工作时长设定得比实际工作用时长一些。即便有再多任务积压在手里，只要您给每个任务都留足时间，总能再挤出些空闲的。这样做的好处是，即便工程量增加，您也能保证在期限内完成，同时您的日程安排也不会受到影响。

风险管理是职场人的重要技能。张弛有度的日程安排不仅能让您集中精力高效工作，还能帮您有效地规避风险，一举两得。

! POINT　做什么事都要给自己留余地呀！

/ 日程表 /

学会逆推法，效率快一半

工作中，我们一定要守住一道关——截止日期。比如您为了在会议上发表自己的计划，努力搜集资料，完成一份高质量的企划案，却错过了最后期限，那么您就失去了这次展示的机会。同时，您在单位的信用也会大打折扣。

下面我就给您介绍一个保证您不会错过截止日期的方法——逆推法。

简单地说，我们先要考虑按时完工具体需要多长时间，然后再为实际工作做好准备，最后再赶在规定的期限前尽快完成工作。

为了方便理解，我用做菜给大家举例。假设您今天晚上 7 点要在家组织一个聚会，那么您最好把开始时间安排在晚上 6 点 45 分。因为做菜需要 3 个小时，下午三点半之前必须准备好食材。买菜还需要一个半小时，所以一定要赶在下午 2 点前出门。您可以像这样按照逆推法来安排时间。

工作安排同样可以从最后期限开始逆推。先确定每件工作、每个步骤何时能够完成，再计算每项工作从何时做才能赶上进度，只有想明白这些事之后我们才能开展工作。

不能因为算不准每项工作所需的时间就觉得不能做好时间安排。其实，我们可以纯靠想象设定日程表，就算实际耗时和预想有出入，也能为下次工作提供时间参考。如果不做日程表，就连验证也没有。只要您养成制作日程表的习惯，到后来您甚至可以凭感觉计算出准确的工作耗时。

! POINT　日常生活中也要养成掐算时间的习惯哦!

/ 日程表 /

记事本里“放”预定

第 4 章谈到过，很多商务人士习惯用记事本充当日程管理工具。其中最方便的是一种以书页纵轴为时间轴标记日期的记事本。这种记事本可以按照标注的时间记录工作预定，这使日程安排十分醒目，因此是十分方便的日程管理工具。

不过，很多人在记录时往往习惯只写工作预定的开始时间。原因是他们自己也不知道这项工作什么时候能结束。其实您可以假设一个完成时间，把开始时间和结束时间用连线框起来。

换句话说，我们其实可以把工作预定“放进”记事本里。在我们查看日程表时，因为有工作安排的时间段都被框起来了，所以空闲时间就变得一目了然了。由于工作时长和工作安排数量都能直观地体现在日程表上，我们也可以很清楚地了解今天工作的繁忙程度。我们在和客户洽谈时也可以看一眼日程表，从而确定与客户下一次洽谈的时间安排。反之，如果支支吾吾半天也算不准时间，就不会给对方留下什么好印象。

另外，根据工作性质的不同，我们还可以改变方框的颜色。比如会议使用红色，制作材料使用绿色，这样就能避免耽误重要工作了。

每天工作结束时，可以试着验证之前对工作时间的假设是否准确。比如预计企划案制作耗时 2 小时，但实际用了 3 小时，那么下次就可以直接将这项工作的耗时预设为 3 小时，这样您的预定时间便会更加准确。

! POINT　日程表要做得醒目些哦！

/ 任务整理 /

复杂任务细处理

在我们考虑订立日程表提高工作效率时，要先把任务罗列出来。所谓“任务”就是由各项工作组成的“必须做的事”。比如，我们要用 3 天时间完成一项工作，如果直接把这项工作当成一个任务，日程表就很难做了。

我们首先应该把各种工作细化成各种小任务。此时要注意控制任务的量。比如，撰写企划案就包括“搜集信息”“市场分析”“提出方案”“撰写文书”共 4 个部分。

将这样一项大工程分成若干个任务时，要注意每个任务的联系性以及工作整体的效率。因此，我们要认真考虑各任务的处理顺序。比如我们常常习惯按照“搜集信息→市场分析→提出新方案→撰写公文”的顺序开展工作，但如果我们把市场分析这项工作托付给别人呢？我们会发现，其实市场分析应该排在搜集信息之前，这样才能提高工作的整体速度。

另外，如果您设定的是“提高业绩”这种抽象目标的话，就要把实现目标所需的行动全部分解成一个个的小任务。这样您就能更轻松地掌握需要完成的工作、达成目标前的工作进展以及任务完成状况等。比如您设定的目标是每月完成 60 单业务，那么您 1 周就需要至少完成 15 单业务，又可以换算成每天至少 3 单。按照阶段细分任务，让我们感受到每一次小小的进步。而且，您每完成一个任务都会获得一次充实感，并有助于保持您对工作的热情。

❗ POINT　细分任务的意义在于明确工作目的哦！

/ 任务整理 /

工作“可视化”，防止小失误

工作任务铺天盖地，需要我们一心多用同时处理多个业务，这其实最容易引发一连串的人为失误，比如忘记截止日期等。造成失误的主要原因往往是我们的大脑无法整理信息。疏忽大意引发失误时，一定要迅速让您的工作任务“可视化”，这样就能避免很多失误了。

首先，准备好便条和笔记本。接下来尽量把手头的业务分成若干部分，之后把所有任务逐个写在便条上。一张便条最好只记录一个任务，最后按照关联性将这些便条分组贴在白纸笔记本上。

这样我们就能轻松掌握有哪些工作任务可以同时处理、有哪些工作的截止日期是一样的，以及自己忘记做哪些工作了。现在您是不是也能感受到这种方法的便捷之处了呢？

此时，您已经把手头的工作整理成您能“看见”的状态了。通过任务的区分，我们对积压的工作的情况做到了心里有数，这样就能避免一些低级的人为失误了。

有些职场人可能会觉得，自己习惯随身携带笔记本，日程安排都记在上面，所以根本没必要特意用什么便贴纸。但如果工作量突然增加，您就没有时间记录，只能凭记忆去记住还有什么工作没完成，这往往会造成工作失误。因此，我们最好养成定期让手头工作“可视化”，再在脑子里整理自己工作的习惯。

! POINT　可以用便贴纸和笔记本帮助我们整理思路哦！

/ 任务整理 /

任务铺天盖地，找到“排除选项”

许多工作都堆在手头，总是让我们无从下手，苦恼不已。正因为无从下手，宝贵的时间才会一点点地流逝，于是我们便会更加心浮气躁。此时，您应该心平气和地开始整理手头的任务。

首先从所有任务中找到“可以先不处理”的任务。在过度忧虑的时候，人们根本不能判断“从何处着手”，更分不出任务的轻重缓急。所以我们才要反过来思考什么事情可以不去做。

无须处理的任务可以分为两类：

① 现在不做也没关系；

② 不用亲自完成。

第一类任务可以留待以后再去处理。这类任务包括归类资料、回复不是特别着急的邮件等。第二类任务可以交由他人负责。这类任务有很多形式，并不能完全依靠您自己的判断，最好去征求一下领导和同事的看法。有时候还需要判断分配给别人的工作量应该占比多少。

重要的是，把任务委托给别人之后还要继续跟进。如果当时实在忙得脱不开身，一旦有了空闲时间也要赶紧接手任务，如果把任务全都交托给别人，久而久之便会失去对方的信任。

先把无须处理的工作任务整理出来，这样剩下的任务就减少了，您就更能集中精力处理那些必须完成的任务了。

❗ POINT　任务托付给别人之后，一定要感谢对方哦！

/ 任务整理 /

忘记对方名和姓，邮件及时来“救命”

您是否有过这样的经历：您正在赶往客户的公司准备和对方会面，但当您离目的地越来越近的时候，突然忘记了对方职位。更可怕的是双方马上就要见面了，您却连对方的名字都想不起来！这时您想到之前还拿到过对方的名片，可在钱包里一顿乱翻，结果还是没找到。可眼瞅着见面的时间就要到了，您已经急得满头大汗了……

还有一种情况，您要去拜访对方的工作室或者对方家里，但忘记了人家的门牌号，站在电梯里六神无主……

为了避免以上的状况，我建议您给自己发几封邮件。其实很多容易被您遗忘的信息和重要提醒都可以自己发给自己！这样只要打开手机，您就能通过邮箱轻松获得对方的个人信息，比如公司名、地址、电话号码、职务、姓名等。当然，您也可以把对方的名片直接拍下来保存到手机里。

并且邮件里最好再加上自己需要完成的任务和注意事项，为了令自己安心，您可以在和对方会面前再次确认这些内容。或者您和对方上次会面时谈到了对方的兴趣和故乡等话题，也可以把这些内容用邮件发给自己。记住对方说过的话，就能在对方心目中留下好印象。

这些信息当然也可以直接记录在手机备忘录里，但为了能让我们的内勤、外勤人员都方便查看，我还是建议您使用“Gmail”保存这些信息。并且，邮箱能有效实现信息一元化，您不需要四处寻找各种需要的信息。另外，推荐您使用检索功能，这样获取对方信息的效率就会更高。

! POINT　千万避免一不小心把邮件发给对方哦！

/ 任务整理 /

碎片时间巧安排，工作效率提高得快

工作效率高的人往往重视“碎片化时间”。比如在乘坐出租车和电车等交通工具时、等待开会时、甚至是上厕所的时候都会用手机办公。我们还可以有效利用碎片化时间阅读书籍。

如果您无所用心，三五分钟的时间转瞬即逝。这时，如果您能处理一些短时间就能完成的任务，其实完全可以节省不少时间。

虽然很多人会利用碎片化时间看看手机解解闷，但这种解闷其实真的意义不大。说好的只玩 5 分钟手机，等您回过头来却早已耽误了工作。

其实，我们利用碎片化时间可以做很多事。比较有代表性的是检查日程安排和浏览资料。当然，也有人利用碎片化时间搜集工作需要的信息。基本来说，碎片化时间可以用来处理不太着急的任务，因为碎片化时间是不固定的。如果中途接到新的紧急任务，您的日程安排可能完全被打乱。

我们可以先决定利用碎片化时间做的工作，然后把相关材料收纳到一个文件袋。接着，我们再把这个文件袋放进包里，方便随时拿出来处理。对于邮件，我们也不用在公司处理，完全可以在路上查阅。哪怕每次只能节省几分钟，日积月累也能节省很多时间。

❗ POINT　好好算算自己有多少碎片化时间吧！

/ 高效化 /

“TO DO 列表”，说到做到

如果您已经习惯整理工作任务了，那么下面就可以试着做一份“TO DO 列表”啦！所谓“TO DO 列表”就是把需要完成的任务列在一张表里，然后做完一件就打一个对勾或者直接划掉。很多人都知道 TO DO 列表是一项重要的商务技能，但我还要为大家介绍一下制作 TO DO 列表必须注意的 3 个要点：

① 按照优先度给任务排序；

② 标注截止日期和所需时间；

③ 单独列出碎片化时间需要完成的任务。

①：将任务按优先度由高到低排序，从上至下逐步完成，这样就不需要考虑下一步需要做什么了。

②：制作 TO DO 列表时，为每个项目（任务）分配时间十分令人头疼，这里建议您将每个任务控制在 3 个小时以内。如果设定的时间过长，就很难把握工作的进度了。

另外，如果把任务完成的时间设定得太长，中途可能会有紧急任务打断目前正在完成的任务。手头的任务被打断后，您就很难再去计算它到底需要多长时间才能完成。

③：碎片化时间完成的任务不用放在 TO DO 列表里。之前我们已经说过，碎片化时间可以用来处理那些不太紧要的工作。如果当天不能完成，也可以拖到第二天完成。

❗ POINT　TO DO 列表也可以在手机上制作哦！

/ 高效化 /

时间要设限，效率无极限

不论做任何工作，我们都要在保质保量的前提下用最短的时间完成。如果一件明明 5 分钟就能完成的工作，我们硬是拖到半个小时，那么处理后续任务的时间就会不够。不能当日事当日毕，自然会浪费很多时间，效率也会随之降低。

如果您已经感到自己效率低下，就应该给自己的工作设定一个最后期限。其实这里的最后期限，不是完成工作的最后期限，而是我们内心的一个预期。我们要下定决心集中精力在“限时内一定完成”。这一点相当重要。

为了提高我们的工作热情，要把最后期限写在一个我们能看到的地方。比如我们可以在便贴纸上写下“10 点前完成材料”“11 点前搜集好信息”，然后贴在电脑上。这样我们就能自然而然地关注时间，从而提高专注度了。

如果单靠这个方法您还是不能留意时间，那么就要学会在任务后面再加上一个安排。比如在工作任务之后，再给自己加上学习研讨和聚餐之类的安排，这样，您就会自然而然地努力争取在下一项安排开始前完成手头的工作了。虽然时间紧迫容易让人产生压力导致失误，但适当的紧张感却能提高一个人的工作效率。

如果您每天都能集中精力去完成工作任务，就一定能“治好”拖延症，提高工作效率！

❗ POINT　尽管有些强人所难，但限时任务确实能让人集中精力哦！

/ 高效化 /

工作效率要提高，低重要度任务先处理

如果您老是觉得时间不够用，不妨按照上一节介绍的方法进行整理。但每天忙忙碌碌的职场人总有着堆积如山的任务。如果您正在梳理手头上的工作，领导突然给了您一个“紧急”任务，手头上的任务就又“喜加一”了。

任务数量不断增加，您的压力也会越来越大，这甚至会对您当下的工作造成影响。新任务挤压旧任务，您很快就会陷入恶性循环。

如果您发现自己不会整理任务，不能顺利推进工作，那就要尝试从重要度最低的任务开始处理，比如回邮件和浏览文件等。只要您从这些不费时间的工作开始处理，任务就会慢慢减少。同时您的心情也会随之变得愉悦，压力也会得到缓解。

您还需要养成一个习惯，那就是把这些任务“一次性完成”并“尽早完成”。因为如果要反复修正重要度低的任务，就会浪费本来可以用来完善重要工作的宝贵时间，久而久之您的工作效率就会下降，工作热情也会消失。

这种方法同样适合您集中于手头的工作不能脱身的时候。完成了简单工作之后，您就能开启“集中模式”，一往无前地完成棘手的任务了。笔者十分期待您用了我介绍的方法之后能够达到这样的预期。

! POINT　工作没有捷径，只能孜孜以求！

/ 高效化 /

高强度脑力工作，最好上午完成

据说上午是工作的黄金时段。脑科学研究表明，人类可以在睡眠中整理记忆，早上起床后，大脑会恢复到能够处理各种信息的状态。

在大脑“更新”后最适合处理脑力工作。因此需要高度集中注意力的工作，最好在上午完成。

另一方面，人容易在午餐后犯困，这也是人体的正常规律，我们不能避免。因此，下午不适合做脑力工作。此时，不妨暂时不去理会脑力工作，去处理一些简单事务或者日常业务，或者干脆把这段时间用在外勤的路途上。经过这段时间后，您的困意便会消失，之后又开始进入能够集中精力的时段了。

如果一天工作 8 小时，那么上午的 3 个小时属于“集中时段”，而午餐后的 2 个小时就是“一般业务时段”，之后直到下班这段时间都属于“再集中时段”。如果我们能按照大脑每天的一般循环规律处理任务，工作效率必然会大大提升。

顺带一提，工作效率高的人都习惯早一点到单位。这可能是因为早到一点，可以延长“集中时段”，即延长了高效工作时长，这样工作也更容易做出成绩。

当然，这些人未必了解人脑的规律，但他们确实在不经意间，把身体和头脑的状态和工作效率结合了起来，并相应地调整了自己的工作方式。

❗ POINT　每天工作一开始，先决定好“一般业务时段”哦！

/ 高效化 /

工作先“清零”，方能早完成

工作越是繁忙，我们越倾向于压缩休息时间，尽量延长工作时长。如果是简单且不费时间的任务，我们当然可以从头开始一口气做完。但如果是要求质量的任务，我们只能分成几次来完成。

比如，您正在做一份企划案，无论如何都想在下一次会议上让领导审批。人的精神集中时长极其有限，如果长时间处理同一个工作，久之工作质量必然低下，就连创意也会枯竭。

此时，我们可以把工作区分为 2 小时、2 小时、1 小时。最理想的状态是，第一天花 2 小时，第二天再花 2 小时，第三天则只需要再花 1 小时。我们需要让工作暂时“休眠”，要给自己留一段时间，让工作在大脑里清零。

分割工作，可以让我们的大脑进行“重启”，让我们的思维再次活跃起来，让我们能发现工作中的纰漏。另外，也可以让我们站在第三视角整理、回顾自己的工作流程。

分割工作可能会影响时间效率，但如果我们可以同时处理多个任务，就不会浪费时间了。比起单独完成一件任务，同时交互完成多个任务，更能延长集中精力的持续时间。

学会了这种方法，您还可以复合地管理预约事项，从而归纳出更高级别的工作日程表。

! POINT　专注力下降了就要主动处理另一项工作哦！

/ 高效化 /

假设虽落空，日后有大用

当我们第一次接触一项工作时，首先要怀着一个挑战困难的态度，保持一个“试试看”的心态。感觉做不来就两手一摊，这样永远也做不好工作。

不过什么都不想，只知道蛮干也不行。如果一项工作完成得顺利，您就应该思考一下，为什么这么顺利，否则就没法积累经验，下次遇到新问题，又要从零开始，这样根本就不能提高成功的概率。

想要工作进展顺利，我建议您先做假设再行动。我们要设想工作的步骤、所需时间以及最终结果，然后才能正式开始工作。这套思路十分有效。如果假设真的能指导工作，那自然是再好不过，即便假设出现偏差，也不算浪费时间。

原因在于，失败经历可以用于指导我们提出新的假设，因为已经有一定的调查经验，我们不会把工作引向无解的领域。比起第一次假设，此时我们做假设的时间已经大大缩短，正确率也越来越高了。

假设到底只是假设。我们做假设的目的是提高工作效率，即便假设不对，也不需要失落。其实一次就猜对并不那么值得夸耀，反而是屡败屡战更能深化我们的理解。

做假设时，我们要尽可能地让身边的朋友、同事也能理解，而且要尽量客观，可行性也要足够强。您应该养成尽其所能施展智慧的习惯，因为这会让您的思路越来越清晰。

❗ POINT　假设修正次数越多就越精准哦！

/ 金点子 /

多用小贴士，难题一扫光

您有没有过这种经历：脑海里灵光一现，一个金点子冒了出来。这时候您一定要赶紧把这个金点子记录在便条上。

您可以在便条纸上写任何东西，不管是今天晚饭吃什么、明天给客户带什么伴手礼，完全不用顾忌重要度和时间轴，脑子里有什么就可以写什么。重要的是，在深入思考前就要把所有想到的都写上去。读一读便条上的内容，那才是您最真实的思考，直面自己的内心才能更客观地研究您手头的工作。

写好便条后，可以按照类别，贴在 A4 纸上进行收纳。这样除了能够整理思维，还可能意外地发现很多共通点，甚至会激发出更多灵感。这时，便条纸的颜色不需要统一。因为眼睛看到各种颜色，可以有效地刺激大脑，从而让我们产生更多的灵感。

当然，有些内容其实并不容易分类。比如从收音机里偶尔听到的信息，或者“好想去别府温泉玩”的一个念头。我推荐您制作一个“灵感本本”，把这些想法都贴在上面，定期做检查。您过去的灵感可能会指导您未来的工作，可能当初想不明白的问题，过一段时间就能迎刃而解！

❗ POINT　随身带上便条本哦！

/ 金点子 /

好点子写在纸头上

最难做的工作，应该就是那些需要一些灵感，即“创意”工作了。因为这类工作的成效和花费的时间并不一定成正比，同时也很难安排工作日程。

好创意常常来自灵光一现的一句话或者生活中偶尔获得的信息。简而言之，伏案工作冥思苦想一整天，也未必能盼来一个金点子。因此平时就要注意积累，说不定什么时候这些积累就能帮你想到新点子呢！

在我们的日常生活中，漫不经心的一句话，可能就会成为一个灵感的核心，或者脑子里突然浮现一些思维片段……相信大家都有过这样的经历吧？

这时候，您应该赶紧做笔记。我推荐您使用笔记本和记事本来记录这瞬间的灵感。虽然现在电子设备已经相当普及，很多人习惯使用笔记本电脑或手机做记录，但纸质版自有它的优势。

首先，直接手写比翻找电子设备再打字更快。当然，如果是大段文字，则电脑打字的速度更快，但电脑并不能随手就能使用。在您寻找设备的时候，可能灵感的火焰就已经熄灭了。

而且，手写还有一个更大的优势，那就是自由度高。我们完全可以用箭头或者圆圈进行标注，让自己脑中的思路更加有条理。因此，手写才是最适合记录灵感的方式。

! POINT　可以用彩色笔标记，让自己的思路更便于理解哦！

/ 心态梳理 /

三行短日记，工作无压力

我们每天都要处理那么多的工作，因此难免会感到不安和失落。如果我们一直都是这种心烦意乱的状态，工作便会疏忽大意，情绪也会变得不稳定。

如果您有这样的情况，我推荐您写“三行日记”。

很多人觉得太忙，就懒得写日记。但我推荐的“三行日记”，顾名思义，只要把每天发生的事情浓缩进三行即可。由于这种日记根本不占时间，所以即便您工作再繁忙也能完成。

“三行日记”并不是用来记录工作内容的日记。大多数人还是习惯在工作中用笔记本记录工作内容和工作技巧。

我们的“三行日记”，仅用来整理思维，记录工作一天后自己的想法。我们是通过写日记的形式来整理自己的心态，宣泄自己的情绪，从而让心情放松。只有整理好了心态，工作才会更顺畅。

下面就来具体说明这种日记的写法。

第一行可以写今天的经历和自己的所作所为。最好包含印象最深的一件事、工作中的失误或自己采取的行动。

第二行可以根据第一行记载的时间，写出自己关注到的问题和感受。内容可以很主观，只要写出真情实感即可。

第三行可以记录您对当天采取的行动及结果的感想和教训。只要我们通过日记发现了自己的不足，就一定能为今后的工作提供指导。

❗ POINT　每篇日记只能写一件事哦！

/ 心态梳理 /

愿望要实现，抬头向前看

不论是公事还是私事，我们每天都要思考那么多问题。如果心事越积越多，您可能失去独立思考和判断的能力。

这时您需要的正是“思考整理”，这样做的目的有两个：

第一个目的是将自己面对的问题分为“烦恼”和“愿望”。虽然我们的“愿望”充满正能量，但如果不整理我们的思考，它就会和充满负能量的“烦恼”混同，反而会增加您内心的负担；

第二个目的是客观地看待问题。如果满脑子都塞满了各种疑惑，您就很难看透问题的本质了。

我们的方法其实很简单，只要把脑海中浮现的词记在笔记里就可以。比如“工作很麻烦”“不想写文件了”“业绩就是上不去”“旁边的同事真烦人”“我想活得更好点”“我想吃点好的”“好累啊”……

下一步就要分清什么是愿望，什么又是烦恼。比如“想要……”“希望……”，这些就是您的愿望；而“不要……”“不想……”“……好讨厌”，这些属于您的烦恼。其实，在很多情况下，一味地烦恼对我们的现实生活于事无补，因此我们只能争取实现愿望。

接下来，就要考虑您为了实现愿望需要做些什么。人在思考如何实现愿望的时候，思想会变得十分积极。其实，思考如何实现愿望的过程，就是调整个人心态的过程。希望您今后的每一天，都能朝着愿望不断迈进！

！POINT　一日之计在于晨，心情愉悦地开启新一天吧！

后记

收拾好桌面和周围，您会顿时感到神清气爽。之后便可以集中精力做大事，这样才能收获更大的成果。

立正大学的齐藤勇名誉教授，是一位知名心理学家，他在一次采访中表示："桌面越整洁的人，越懂得遵守社会秩序的重要性，他们很守时，也不会破坏团队合作。"看看一个人的桌面，就能大致了解这个人，桌面脏乱的人，思维也可能有些混乱。

您可以看看自己的桌面，说不定还能读懂自己的性格和对工作的态度呢！如果桌面还是不够整洁，就应该马上进行整理。

本书以提升工作"效率"+"质量"+"成果"为目标，为您介绍了工作中最实用的整理方法。除了桌面、文件等物品的整理，本书还介绍了笔记本、记事本相关的信息处理、日程管理以及任务规划和提高工作效率的方法，最后还讲解了如何整理我们的思路。只要您懂得如何整理，工作效率必然能够提高。我们这套方法能有效地让您节约工作上的时间成本，从而提高您的工作效率。希望能为您提供一定的参考价值。

如果您和本书的标题恰好相反，是一个“工作速度慢且失误频发”的人，就请您尝试一下我们的物品整理方法，这是所有和工作相关的整理方法中最简单的一项。相信减少失误之后，您用于工作的时间就会得到延长，不久的将来您也能成为一个“高效低失误”的办公达人！

如果您恰巧正准备大扫除或者只是简单整理一下，那么请您一定要按照本书的方法进行一次尝试。哪怕一天只尝试其中一个方法也好！您如果能把身边的物品整理得井然有序，您的工作效率必然能够提高，同时您也会比以往更能体会到生活的乐趣！

中野清人